Michael Viggo Fausbøll

Ten Jatakas

The original Päli text with a translation und notes.

Michael Viggo Fausbøll

Ten Jatakas
The original Päli text with a translation und notes.

ISBN/EAN: 9783741171505

Manufactured in Europe, USA, Canada, Australia, Japa

Cover: Foto ©Andreas Hilbeck / pixelio.de

Manufactured and distributed by brebook publishing software
(www.brebook.com)

Michael Viggo Fausbøll

Ten Jatakas

TEN JĀTAKAS.

THE ORIGINAL PĀLI TEXT

WITH

A TRANSLATION

AND

NOTES.

BY

V. FAUSBØLL.

Viggo Mchall

COPENHAGEN. H. HAGERUP.

LONDON. TRÜBNER & CO.

PRINTED BY LOUIS KLEIN.

1872.

Price: 2 *Danish* dollars.

To

Robert C. Childers Esq.,

whose kind exhortations
caused me to renew my Pāli studies,
this book is inscribed
as a token of esteem and affection

by

V. Fausbøll.

PREFACE.

„The more I think of Buddha, the more I love him“, said the professed Christian Government Schoolmaster (Ceylon Friend 1837). I think many will agree with the Schoolmaster: Buddha may be wrong in his teleology, but in his morals he is certainly on a level with Christ, and even Barthélemy Saint-Hilaire cannot but admit „que, sauf le Christ tout seul, il n'est point, parmi les fondateurs de religion, de figure plus pure ni plus touchante que celle du Bouddha. Sa vie n'a point de tache“. (Le Bouddha et sa Religion, nouvelle édition, Introduction p. V). Look only at the beautiful tale that opens our Ten Jâtakas and wherein a man's superiority is judged by his way of retaliating. When Confucius was asked: „What do you say concerning the principle that injury should be recompensed with kindness?“ the Master said: „With what then will you recompense kindness? Recompense injury with justice and recompense kindness with kindness“. (Legge, Chinese Classics Vol. I p. 152). But Christ said unto us: „Love your enemies, bless them that curse you, do good to them that hate you, and pray for them which despitefully use you, and persecute you“ (St. Matthew, 5, 44). And now what does Buddha teach? Exactly the same as Christ: Of two kings one

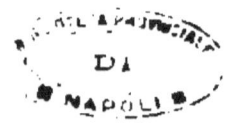

The Mallika-king overthrows the strong by strength,
the soft by softness,
the good he conquers by goodness,
the wicked by wickedness;

but the other, the Bārāṇasī-king,

By calmness he conquers anger,
the wicked he conquers by goodness,
he conquers the avaricious by charity,
by truth the false-speaker;

and the latter is by Buddha deemed the greater. So I too say, the more I learn to know Buddha, the more I admire him, and the sooner all mankind shall have been made acquainted with his doctrines the better it will be, for he is certainly one of the heroes of humanity.

The different connections which our ten tales have with several other stories in that large material of folk-lore spread all over the world as a remainder of an age prior to the introduction of writing, the age of man's childhood, I leave to others to make out more fully, I shall myself here only point to a few similarities that I have happened to observe: With the 2d story can be compared „La Caille et le Faucon" in „Les Avadânas par Stan. Julien" 2, 88; the 3d story is substantially identical with „Le Lion et le Sanglier" in „Les Avadânas" 1, 91; in the 5th story is told how a yakkha had got permission from Vessavaṇa to eat all those who, on one sneezing, forgot to say „mayst thou live!" compare with this Somadeva's K. S. S. 6, 28 v. 129—130; from the 6th story we learn that an elephant who has been cured by some carpenters, afterwards, of his own free will, serves them; this reminds us of the lion that follows Ivan after being saved by him from the serpent; of the 7th story you will find an extract in Sp. Hardy's Manual p. 113; the 9th story must, I suppose, be referred to that cycle of Fairy Legends which, from one common stem, has, it seems, branched out into many differently named tales that have sometimes only a few traits in common, comp. „the golden town“ in Somadeva, „der goldene Vogel“ in Grimm, „Guldfuglen“ in Asbjørnsen, „Talande Fogeln“ in Bäckström, „Ungdoms-Landet“ in Hyltén Cavallius and Stephens etc.

As to the difference between the Singhalese (C) and the Burmese (B) Redaction of the Jataka-Book, I still hold the same opinion that I expressed in my „Five Jātakas“, and to show the correctness of this view I shall now give a survey of the principal different readings of both redactions in our ten Jatakas:

I. Sometimes, although not very often, the two redactions differ totally in the words:

Page	C.	B.
1	tiretvā	virodetvā
2	ñatvā	suivā
14	siha	samma
16	gāhāpetvā	āhārāpetvā
21, 22	sarado	parato
51	pessei	pāhesi
26	siñcāpessaṁ	makkhāpesuṁ
34	dassenti	karissanti
42	asubhayamāno	parihayamāno
16	desetvā	dassetvā
21	khādantu	adantu
10	tappenti	kappenti
23, 29	saggapadaṁ	saggapuraṁ
24	jīvikaṁ	jīvitaṁ

2. They sometimes differ in the choice of tenses and moods:

Page	C.	B.
8	kathesi	katheti
10	nadi	nadati
9	khādissāmi	khādāmi
20	kappeti	kappesi
15	apapessaṁ	pāpeyyaṁ
43	agghāpessasi	agghāpeyyāsi
8	āgacchanti	āgacchantu
18	pakāsetuṁ	pakasento
42	agghāpetvā	agghapento

3. On the whole it seems that C retains older forms and expressions, whereas B replaces them by more modern, more common, or more regular ones:

Page	C.	B.	
2, 27, 54	kucchismiṁ	kucchimhi	(p. 27 I ought to have adopted the reading of C)
27	parivāri	parivaresi	
9	agañchi	āgacchi	
33	dadanti	denti	
51	gāhapesiṁ	ganhāpesiṁ	
55	gaccha	gacchahi	
42	pakkositvā	pakkosapetvā	
42	dasāpetvā	daṁsapetva	
43, 54	dasitvā	daṁsetvā, daṁsāpetvā	
44	dasanto	damsento	
28, 29, 51	kālakata	kālaṁkata	
12	imissa	imissaya	
14	ukkara	uccara	
7, 50	Himavantapadesa	Himavantappadesa	
8, 12	catuppada	catuppāda	
5, 6	Malliya	Mallika	

Page		
39	pavattati	pavatteti
13	anubandhiṁsu	anubandhisuṁ
28	pahiṇiṁsu	pahiṇisuṁ
32	agamaṁsu	agamaṁsuṁ
35	ahaṁsu	āhaṁsuṁ
24	arogo	arogo
11, 15	desanaṁ	dhammadesanaṁ
33	parupana	pārumpana
32	pārupitvā	parumpetvā
32	apārupitvā	apārumpitvā
35	pārupitvā	pārumpitvā
16	divasaṁ yeva	divasañ ñeva
17	saddhiṁ yeva	saddhiñ ñeva
39	tumhakaṁ yeva	tumhākañ ñeva
48	tesaṁ yeva	tesañ ñeva
29, 44, 53	ovaditva	ovāditvā
54	patirūpaka	paṭirūpaka
28	thokathokaṁ	thokaṁ thokaṁ
4	jātigottakula	jātigottaṁkula
30	Alinacittarājakumā-	Alinacittaṁ rajakumāraṁ
30	Kosalarājānaṁ	Kosalaṁ rājānaṁ
9	nipannasigālaṁ	nipannaṁ sigalaṁ
50, 53	suvaṇṇavaṇṇamoro	suvaṇṇavaṇṇo moro
8	kaniṭṭhā cha bhātaro	cha kaniṭṭhabhātaro
9-10	māressāmi	mārissami
14	saṁgāmessāmi	saṅgāmissāmi
10	sallakkhetva	sallakhitva
24	bandhitvā	bandhetvā

4. B sometimes adds and sometimes omits a few words. The additions seem on the whole to have the character of minor ameliorations of the style; of the omissions

some may have arisen from the carelessness of the copyist, but some also seem to be intentional. Additions: pp. 4 vā, 8 kathaṁ, 10 idaṁ, 12, 16 pi, 14 samma tvaṁ, 17 iti dve, 20 dhareyya vā, 20 hi, vaṭṭati, tattha, 22 so, 24 ekaṁ, makkhitvā, 27 ca, 30 paccekabuddhaṁ vā, 32 āhaṁsu āhaṁsu, va, no, 33 tā. 35 pappatamuddhani thatva, 36 pi, 37 vatvā, dve putte vijāyi, 42 te, dve, 43 asse, 46 hi, 49 tadā, 50 sutvā, 51 vegena, 52 ahosi, 54 [pa]tirūpako, 55 va. Omissions: 14 sariraṁ, 34 nāma, 36 tiṇāni, 38 pi 'esā, evaṁ, 49 imaṁ, 50 me, 51 āha, pana, 52 vatvā.

5. In a few cases B seems to have preserved the true reading, or at any rate to have made a necessary correction where in the course of time, by the carelessness or stupidity of transcribers, an error had crept into the text; thus p. 3 itaro instead of itarasmiṁ which, as far as I can see, can give no meaning, but seems to have been occasioned by the foregoing imasmiṁ, likewise 4 te instead of tesaṁ occasioned, as it seems, by the following aayaṁ, 5 alikavādinaṁ instead of alikavadiniṁ occasioned by the following musāvādiṁ, 15 pāpessati instead of pāpessasi, 18 imasmiṁ vakkale instead of imasmiṁ vakkalaṁ, paviṭṭhaṁ instead of paviṭṭho, 37 gaṇhāhi instead of gaṇhāsi, 52 nibbattitvā instead of nibbattetvā, tvaṁ instead of taṁ, 56 āṇāpesi instead of āṇāpesi(?), 8 āgacchantu instead of āgacchanti (?). 38 panāmeti instead of paṇamati(?).

From all this I think it will appear that C is an older edition which in a few instances has been corrupted, and that B represents a later, corrected edition. I have therefore mainly followed the Singhalese Redaction and taken care not to adopt the readings of B except in cases where the readings of C could give no meaning, or at most a very bad one.

With regard to the use of *long and short vowels* I have not yet been able to make up my mind; it is much to be desired that some one should take up this question and give it a thorough sifting.

I have this time not translated the frame-work, but only what I consider *the oldest part of the Jataka*, that is to say: the tales that Buddha has chosen out of the old Indian folk-lore and adapted to his instructional purposes. As the book now exists it is evidently a Commentary on the original Jataka-Book, for at the beginning and at the end it is called *Jatakass' Atthavaṇṇana*, and in the book itself often occurs a discrepancy between the Text and Commentary (*Pāḷiyaṁ* pana „na man taṁ agamissatīti" likhitaṁ, taṁ *Aṭṭhakathāya* n'atthi), but it is now very difficult to see what belongs to the commentary and what to the Jataka-Book itself, the latter no longer existing separately, as far as I know.

To constitute the Text I have had, besides C and B mentioned in my Five Jātakas p. 1, two more MSS. procured for me from Ceylon through the kindness of Mr. Childers, one (C^s) from the Buddhist priest Subhūti, the learned editor of Moggallana's Abhidhanappadīpika, the other (C^k) from the late Buddhist priest Yatrāmullē Dhammārāma. I have also had an additional copy (C^{k2}) of the Rājovāda-Jātaka in the handwriting of the latter.

Copenhagen May 3, 1872.

Formerly published:

Dhammapadam. Ex tribus codicibus hauniensibus palice edidit, latine vertit, excerptis ex commentario palico notisque illustravit V. Fausbøll. Hauniæ 1855. 4 Danish dollars.

Five Jatakas, containing a Fairy Tale, a Comical Story, and Three Fables. In the Original Páli Text, with a Translation and Notes, by V. Fausbøll. Copenhagen 1861. 1 dollar 3 marks Danish.

Two Játakas. The original Pali Text, with an English Translation and Critical Notes. By V. Fausbøll. 1870. (From the Journal of the R. A. S.). 3 marks Danish.

The Dasaratha-Játaka, being the Buddhist Story of King Ráma. The Original Páli Text with a Translation and Notes by V. Fausbøll. Copenhagen 1871. 4 marks Danish.

CONTENTS.

	Pages:		
Râjovâda-jâtaka	1.	57.	87.
Sigâla-jâtaka	6.	60.	91.
Sûkara-jâtaka	12.	63.	94.
Uraga-jâtaka	16.	65.	95.
Gagga-jâtaka	19.	67.	97.
Alînacitta-jâtaka	23.	69.	99.
Guna-jâtaka	32.	75.	102.
Suhanu-jâtaka	41.	78.	103.
Mora-jâtaka	45.	80.	104.
Vinîlaka-jâtaka	53.	85.	106.
Notes	87.		

Appendix:

Râjovâda-jâtaka	107.
Mahâmora-jâtaka	111.
Errata	122.
Index and Glossary	123.

II, 16, 1. RĀJOVĀDA-JĀTAKA.

„Daḷhaṁ daḷhassa khipatîti[a].“ Idaṁ Satthā Jetavane viharanto rājovādaṁ ārabbha kathesi. So Tesakuṇajātake āvibhavissati. Ekasmiṁ pana divase Kosalarājā ekaṁ gatigataṁ[b] dubbinicchayaṁ[c] aṭṭaṁ vinicchinitvā[d] bhuttapātarāso allahattho va alaṁkataratham abhiruyha[e] Satthu santikaṁ gantvā phullapadumasassirīkesu pādesu Satthāraṁ vanditvā ekamantaṁ nisīdi. Atha naṁ Satthā etad avoca: „handa, kuto nu tvaṁ, mahārāja, āgacchasi divādivassā“ 'ti. „Bhante, ajja ekaṁ gatigataṁ[f] dubbinicchayaṁ[g] aṭṭaṁ vinicchinanto okāsaṁ labhitvā[h] idāni taṁ tīretvā[i] bhuñjitvā allahattho va tumhākam upaṭṭhānaṁ āgato 'mhīti.“ Satthā: „mahārāja, dhammena samena aṭṭaṁvinicchayaṁ[ii] nāma kusalaṁ, saggamaggo esa, anacchariyaṁ kho pan' etaṁ yaṁ tumhe mādisassa sabbaññussa[j] santikā ovādaṁ labhamānā dhammena samena[jj] aṭṭaṁ vinicchineyyātha, etad eva acchariyam: pubbe rājāno asabbaññūnam[k] pi paṇḍitānaṁ sutvā

---

[a] C khipatīti, B khippatīti. [b] B agatigataṁ. [c] B dubbhivinicchayaṁ. [d] B suvinicchitvā. [e] B abhirūyha, C[p] C[s] ābhiruyha. [f] B āgatiagataṁ. [g] C[p] C[s] dubbinicchiyaṁ. [h] B alabhitvā. [i] B virodetvā. [ii] C[p s] aṭṭavini-. [j] B sappaññussa buddhassa, C sabbaññūtassa. [jj] B omits samena. [k] C[p] C[s] asabbaññunam.

dhammena samena aṭṭaṁ vinicchinantā cattāri agatigamanāni vajjetvā dasarādhājamme akopetvā dhammena rajjaṁ kāretvā saggapadaṁ pūrayamānā agamaṁsū" 'ti vatvā tena yācito atītaṁ āhari:

Atīte Bārāṇasiyaṁ Brahmadatte rajjaṁ kārente Bodhisatto tassa aggamahesiyā kucchismiṁ paṭisandhiṁ gahetvā laddhagabbhaparihāro sotthinā mātukucchimhā[l] nikkhami. Nāmagahaṇadivase[m] pan' assa Brahmadattakumāro tv-eva[n] nāmaṁ akaṁsu. So anupubbena vayappatto soḷasavassakāle Takkasilaṁ[o] gantvā[p] sabbasippesu nipphattiṁ patvā pitu accayena rajje patiṭṭhāya dhammena samena[q] rajjam kāresi. Chandādivasena agantvā[d] vinicchayaṁ anusāsi. Tasmiṁ evaṁ dhammena rajjaṁ kārente amaccāpi dhammen' eva vohāraṁ vinicchiniṁsu. Vohāresu dhammena vinicchayamānesu kūṭaṭṭakārakā[r] nāma nāhesuṁ[s]. Tesaṁ abhāvā aṭṭatthāya rājaṅgaṇe uparavo[t] pacchijji. Amaccā divasam pi vinicchayaṭṭhāne nisīditvā kañci[u] vinicchayatthāya āgacchantaṁ[v] adisvā pakkamanti. Vinicchayaṭṭhānaṁ chaḍḍetabbabhāvaṁ[w] pāpuṇi. Bodhisatto cintesi: „mayi dhammena rajjaṁ kārente vinicchayaṭṭhāya[x] āgacchanta nāma n' atthi, uparavo pacchijji, vinicchayaṭṭhānaṁ chaḍḍetabbabhāvaṁ[y] pattaṁ, idāni mayā attano aguṇam pariyesituṁ vaṭṭati[z], 'ayaṁ nāma me aguṇo' ti[a] ñatvā[b] taṁ pahāya guṇesu yeva vattissāmīti". Tato paṭṭhāya „atthi nu kho me koci aguṇavādīti" pariganhanto antovalañjakānaṁ antare kañci aguṇavādiṁ adisvā attano guṇakatham eva sutvā

[l] B kucchimhi. [m] B C -gahana-. [n] B -kumāro ti tveva. [o] B takkasilāyaṁ, C takkasilaṁ. [p] B gaṁtvā. [d] C C^s āgantvā, C^{ks} anāgantvā. [r] C^p B ku- [s] B ahesuṁ, C hesuṁ. [t] B uppaddavo. [u] B kiñci. [v] C^p C^s agacchantaṁ. [w] B chaṭṭetabba-, C^p C^s chaḍḍhetabba-. [x] B adds na. [y] B chaṭetabba-, C^s chaḍḍetabba-. [z] B vaṭṭatīti. [a] C^p C^s add ca. [b] sutvā.

„ete mayham bhayenâpi aguṇaṁ avatvâ guṇam[a] eva vadeyyun“ ti bahivalañjanake pariganhanto tatrâpi adisvâ antonagaraṁ pariganhi, bahinagare catusu dvâresu dvâragâmake pariganhi. Tatrâpi kañci[b] aguṇavâdiṁ adisvâ attano guṇakatham eva sutvâ „janapadaṁ pariganhissâmîti“ amacce rajjaṁ paṭicchâpetvâ rathaṁ âruyha sârathim eva gahetvâ aññâtakaveseṇa nagarâ nikkhamitvâ janapadaṁ pariganhamâno yâva paccantabhûmiṁ[b] gantvâ kañci[a] aguṇavâdiṁ adisvâ attano guṇakatham eva sutvâ paccantasîmato mahâmaggena nagarâbhimukho yeva nivatti. Tasmiṁ pana kâle Malliko nâma Kosalarâjâpi[c] dhammena rajjaṁ kârento aguṇagavesako[d] hutvâ antovalañjakâdisu[e] aguṇavâdiṁ adisvâ attano guṇakatham eva sutvâ janapadaṁ pariganhanto taṁ padesaṁ agamâsi. Te ubho pi ekasmiṁ ninne sakaṭamagge abhimukhâ ahesuṁ. Rathassa ukkamanaṭṭhânaṁ n' atthi. Atha[f] Mallikarañño[g] sârathi Bârâṇasirañño[h] sârathiṁ „tava rathaṁ ukkamâpehîti“ âha. So pi „ambho[i] sârathi, tava rathaṁ ukkamâpehi, imasmiṁ rathe Bârâṇasirajjasâmiko Brahmadattamahârâjâ nisinno“ ti âha. Itaro[j] pi „ambho[i] sârathi, imasmiṁ rathe Kosalarajjasâmiko[k] Mallikamahârâjâ nisinno, tava rathaṁ ukkamâpetvâ amhâkaṁ rañño[l] rathassa okâsaṁ dehîti“ âha. Bârâṇasirañño[m] sârathi „ayam pi kira râjâ yeva, kin nu kho kâtabban“ ti cintento „atth' esa upâyo[n]; vayaṁ pucchitvâ daharatarassa rathaṁ ukkamâpetvâ mahallakassa okâsaṁ dâpessâmîti“ san-

---

[a] Cp Ck guṇakathaṁ. [b] B kiñci. [a] C aṁñataka-. [b] B pacchantaṁ gâmaṁ. [c] B omits pi. [d] B aguṇakathaṁ vesato, C aguṇavesako. [e] C antovalañjanakâdisu, Cp antovalañjakâdisu, B antovalañcakâdisu. [f] C omits atha. [g] C -raṁno. [h] C Cp Ck -raṁño. [j] C Cp Ck itarasmiṁ. [i] C amho. [k] Cp Ck kosala-. [l] C raṁño. [m] C Cp Ck -raṁño. [n] B adds ti.

niṭṭhanaṁ katvā taṁ sārathiṁ Kosalarañño[n] vayaṁ pucchitvā pariganhanto ubhinnam pi samānavayabhāvaṁ ñatvā rajjaparimāṇaṁ balaṁ dhanaṁ yasaṁ jātigottakulapadesan[o] ti sabbaṁ pucchitvā „ubho pi tiyojanasatikassa rajjassa sāmino, samānabaladhanayasajātigottakulapadesā“ ti ñatvā „sīlavantatarassa[p] okāsaṁ dassamīti“ cintetvā so sārathi „tumhākaṁ rañño[q] sīlācāro kīdiso“ ti pucchi. So „ayañ ca ayañ ca amhākaṁ rañño[q] sīlācāro“ ti attano rañño[r] aguṇam eva guṇato pakāsento paṭhamaṁ gātham āha:

1. „Daḷhaṁ daḷhassa khipati[s]
Malliko mudunā muduṁ,
sādhum pi sādhunā jeti
asādhum pi asādhunā.
Etādiso ayaṁ rājā,
maggā uyyāhi sārathīti.“

Tattha daḷhaṁ daḷhassa khipatīti yo daḷho hoti balavadaḷhena pahārena[t] vā[u] vacanena vā jinitabbo tassa daḷham eva pahāraṁ vā vacanaṁ vā khipati[s] evaṁ daḷho va hutvā taṁ jinātīti dasseti, Malliko ti tassa rañño[v] nāmaṁ, mudunā mudun ti mudupuggalaṁ sayam pi mudu hutvā mudunā va upāyena jināti, sādhum pi sādhunā jeti asādhum pi asādhunā ti ye sādhū[w] sappurisā te[x] sayam pi sādhu hutvā sādhunā va upāyena, ye pana asādhū[w] te[x] sayam pi asādhu hutvā asādhunā va upāyena jinātīti dasseti; etādiso ayaṁ rājā ti ayaṁ amhākaṁ Kosalarājā sīlācārena[y] evarūpo,

---

[n] C kosalaraṁño, Ck kosalaraṁño. [o] B jātigottaṁ-. [p] B sīlavantassa, Cp sīlavanantarassa. [q] C Cp Ck raṁño. [r] C Cp raṁño. [s] B khippati. [t] Cp Ck pahāreṇa. [u] C Cp Ck omit va. [v] C Cp Ck raṁño. [w] all the MSS. sadhu. [x] C Cp Ck tesaṁ. [y] Cp -cāreṇa.

maggā uyyāhi sārathīti attano rathaṁ maggā ukkamāpetvā[a] uyyāhi uppathena yāhīti[b] amhākaṁ rañño[c] maggaṁ dehīti vadati. Atha taṁ Bārāṇasirañño sārathi „ambho, kiṁ pana tayā attano rañño[c] guṇā kathitā" ti vatvā „āmā" 'ti vutte „yadi ete guṇā, aguṇā pana kīdisā" ti vatvā „ete tāva aguṇā hontu, tumhākaṁ pana rañño[d] kīdisā guṇā" ti vutte „tena hi suṇāhīti" dutiyaṁ gātham āha:

2. „Akkodhena jine kodhaṁ,
asādhuṁ sādhunā jine,
jine kadariyaṁ dānena
saccena alikavādinaṁ[e].
Etādiso ayaṁ rājā,
maggā uyyāhi sārathīti."

Tattha etādiso ti etehi akkodhena jine kodhan-ti-ādivasena vuttehi guṇehi samannāgato ayaṁ hi kuddhaṁ puggalaṁ sayaṁ akkodho hutvā akkodhena jināti, asādhuṁ pana[f] sayaṁ sādhu hutvā sādhunā, kadariyaṁ thaddhamacchariṁ sayaṁ[g] dāyako hutvā dānena, alikavādinaṁ[h] musāvādiṁ sayaṁ saccavādi[i] hutvā saccena jināti; maggā uyyāhīti samma sārathi maggato apagaccha evaṁvidhasīlācāraguṇayuttassa[j] amhākaṁ rañño[k] maggaṁ dehīti[l] amhākaṁ rājā maggassa anucchaviko ti. Evaṁ vutte Mallikarāja[m] ca sārathi ca ubho pi rathā otaritvā asse mocetvā rathaṁ apa-

---

[a] all the MSS. except C^{ks} ukkāpetva. [b] B yāhi. [c] C^{k} raṁño.
[b] C bārāṇasiraṁño. [c] C C^{k} C^{s} raṁño. [d] C C^{k} raṁño.
[e] B alikavāṇaṁ, C^{k} C^{s} alikavādinaṁ. [f] C janaṁ. [g] C^{k} C^{s} omit sayaṁ. [h] C C^{k} C^{s} alikavādinaṁ. [i] C -vādiṁ, C^{k} C^{s} -vādi.
[j] C evaṁvidhaṁ-, B evaṁ vividatvaṁ-. [k] C^{k} C^{s} raṁño.
[l] B dehi. [m] C C^{k} C^{s} malliya-.

netvā Bārāṇasirañño[n] maggaṁ adaṁsu. Bārāṇasirājā[o] Mallikarañño[p] nāma „idañ c' idañ ca kātuṁ vaṭṭatīti“ ovādaṁ datvā Bārāṇasiṁ gantvā dānādīni puññāni[q] katvā jīvitapariyosāne saggapadaṁ pūresi. Mallikarājāpi[r] tassa ovādaṁ gahetvā janapadaṁ pariggahetvā[s] attano aguṇavādiṁ[t] adisvā va sakanagaraṁ gantvā[u] dānādīni puññāni[v] katvā[x] jīvitapariyosāne saggapadam eva pūresi.

Satthā Kosalarājassa ovādadānatthāya imaṁ desanaṁ[y] āharitvā jātakaṁ samodhānesi: „Tadā Mallikarañño[z] sārathi Moggallāno ahosi, rājā Ānando, Bārāṇasirañño[a] sārathi Sāriputto ahosi[b], rājā pana aham evā“ 'ti. Rājovāda-jātakaṁ.[c]

II, 16, 2. SIGĀLA-JĀTAKA.

„Asamekkhitakammanan“ ti. Idaṁ Satthā Kūṭāgārasālāyaṁ viharanto Vesāli-vāsikaṁ nahāpitaputtaṁ[a] ārabbha kathesi. Tassa kira pitā rājūnaṁ[a] rājorodhānaṁ rājakumārānaṁ[b] rājakumārīnañ ca massukaraṇakesasaṇṭhapanaaṭṭhapadaṭṭhapanādīni[d] sabbakiccāni karoti saddho pasanno tisaraṇagato samādinnapañcasīlo, antarantarena[e] Satthu dham-

[n] C baranasiraṁño, C[p] barāṇasirañño. [o] C C[p] bāraṇasi-. [p] C malliyaraṁño, C[p] malliyaraṁñoraṁñā, C[s] malliyaraññoraṁñā, [q] C C[p] puṁñāni. [r] C C[p] C[s] malliya-. [s] B pariggaṇetvā. [t] B C aguṇavadi. [u] B gaṁtva. [v] C C[p] C[s] puṁñāni. [x] B datvā. [y] B dhammadesanaṁ. [z] C C[p] C[s] malliyaraṁño. [a] C bārānasiraṁño, C[p] bārāṇasiraṁño, C[s] barāṇasirañño. [b] B omits ahosi. [c] B adds paṭhamaṁ. [a] B rājunaṁ. [b] C -kumarāṇaṁ. [d] B massukaraṇakesayaṇṭhapanaattarūpaṭhānādena. [e] B antaraantarena, C[s] antarantareṇa.

maṁ suṇanto[d] kālaṁ vītināmeti. So ekadivasaṁ rājanivesane kammaṁ kātuṁ gacchanto attano puttaṁ gahetvā gato. So tattha ekaṁ devaccharapaṭibhāgaṁ alaṁkatapaṭiyattaṁ Licchavikumārikaṁ[e] disvā kilesavasena paṭibaddhacitto[f] hutvā pitarā saddhiṁ rājanivesanā nikkhamitvā „etaṁ kumārikaṁ labhamāno jīvissāmi, alabhamānassa me etth' eva[g] maraṇan[h]“ ti āhārūpacchedaṁ[i] katvā mañcakaṁ parissajitvā nipajji. Atha naṁ pitā upasaṁkamitvā „tāta, avatthumhi chandarāgaṁ mā kari[j], hīnajacco tvaṁ nahāpitaputto[k], Licchavikumārikā khattiyadhītā jātisampannā, na sā tuyhaṁ anucchavikā, aññan[l] te jātigottehi sadisakumārikaṁ ānessāmīti“ āha. So pitu kathaṁ na gaṇhāti. Atha naṁ mātā bhātā bhaginī[m] cullamātā[n] cullapitā[o] ti sabbe pi ñātakā c' eva mittasuhajjā ca sannipatitvā saññāpentāpi[p] saññāpetuṁ[q] nāsakkhiṁsu. So tatth' eva sussitvā parisussitvā jīvitakkhayaṁ pāpuṇi[r]. Ath' assa pitā sarīrakiccapetakiccāni katvā tanuttaṁ gate soke „Satthāraṁ vandissāmīti“ bahuṁ gandhamālavilepanaṁ[s] gahetvā Mahāvanaṁ gantvā[t] Satthāraṁ pūjetvā vanditvā ekamantaṁ nisinno. „Kin nu kho, upāsaka, imāni divasāni na dissasīti[u]“ vutte taṁ atthaṁ ārocesi. Satthā „na kho, upāsaka, idān' eva tava putto avatthusmiṁ[v] chandarāgaṁ uppādetvā vināsaṁ pāpuṇi, pubbe pi patto yevā“ 'ti vatvā tena yācito atītaṁ āhari:

Atīte Bārāṇasiyaṁ Brahmadatte rajjaṁ kārente Bodhisatto Himavantapadese[w] sīhayoniyaṁ nibbatti. Tassa

---

[d] B C sunanto. [e] B licchavikumāri. [f] B paṭibandha-. [g] B etteva. [h] C maranan. [i] B āhārūpacchedakaṁ, C āhārūpacchedaṁ, C[p] āhārupacchedaṁ. [j] C C[p] kari. [k] B hnāpita-. [l] B aññaṁ, C aṁñan. [m] B bhagini, C[p] C[s] bhaginī. [n] B dhūla-. [o] B cūla-. [p] B saññāpentovi, C C[p] C[s] saṁñāpentāpi. [q] C C[p] C[s] saṁñāpetuṁ. [r] C pāpuni. [s] C gandhavilepanaṁ. [t] B gaṁtvā. [u] B C dissatīti. [v] B avattumhi. [w] B -ppadese.

kaniṭṭhā cha bhātaro[y] ekā ca bhaginī[z] ahosi. Sabbe pi Kañcanaguhāyaṁ vasanti. Tassā pana guhāya avidūre Rajatapabbate ekā Phalikaguhā atthi. Tatth' eko sigālo vasati. Aparabhāge sīhānaṁ mātāpitaro kālam akaṁsu. Te bhaginiṁ sīhapotikaṁ Kañcanaguhāyaṁ ṭhapetvā gocarāya nikkhamitvā[a] maṁsaṁ āharitvā tassā denti. So sigālo taṁ sīhapotikaṁ disvā paṭibaddhacitto[β] ahosi. Tassā[γ] pana mātāpitunnaṁ dharamānakāle okāsaṁ na lattha[b]. So sattannam pi tesaṁ gocarāya pakkantakāle Phalikaguhāya[c] otaritvā Kañcanaguhadvāraṁ gantvā[d] sīhapotikāya purato lokāmisapaṭisaṁyuttaṁ evarūpaṁ rahassakathaṁ[e] kathesi[f]: „sīhapotike, aham pi catuppado[g] tvam[h] pi catuppadā[g], tvaṁ me pajāpatī[i] hohi[j] ahan[k] te pati bhavissāmi, te mayaṁ samaggā sammodamānā vasissāma, tvaṁ ito paṭṭhāya maṁ kilesavasena saṁgaṇhāhīti.“ Sā tassa vacanaṁ sutvā cintesi: „ayaṁ sigālo catuppadānaṁ[l] antare hīno patikuṭṭho caṇḍālasadiso, mayaṁ uttamarājakulasammatā, esa kho mayā ca saddhiṁ asabbhaṁ ananucchavikaṁ[m] katheti, ahaṁ evarūpaṁ[n] kathaṁ sutvā jīvitena kiṁ karissāmi, nāsavātaṁ sannirumhitvā[δ] marissāmīti“. Ath' assā etad ahosi: „mayhaṁ evam eva maraṇaṁ ayuttaṁ, bhātikā tāva me āgacchanti[o], tesaṁ kathetvā marissāmīti.“ Sigālo pi tassā santikā paṭivacanaṁ alabhitvā „na idāni[p] esā mayi sambajjhatīti[q]“ domanassappatto Phalikaguhaṁ[r] pavisitvā nipajji[s]. Ath'

---

[y] B tassa cha kaniṭṭhabhātaro. [z] B C[p] C[s] bhagini. [a] B pakkamitvā. [β] B paṭibandha. [γ] B tassa. [b] B náladdhaṁ, C[p] C[s] na alattha. [c] B -gahāyaṁ. [d] B gantvā. [e] C[p] C[s] rahassaṁkathaṁ. [f] B kathetī. [g] B catuppādo. [h] B tvaṁ. [i] C pajapatī. [j] B hoti, C hoha. [k] B ahaṁ. [l] B catuppādānaṁ. [m] B adds kathaṁ. [n] C[p] C[s] evaṁrūpaṁ. [δ] B sannirujhitvā. [o] B āgacchantu. [p] B C[p] C[s] na dānī. [q] B samijjhatīti. [r] B -guhāyaṁ. [s] B nippajjati.

eko sihapotako mahisavāraṇādisu[t] aññataraṁ[u] vadhitvā maṁsaṁ khāditvā bhaginiyā bhāgaṁ āharitvā „amma, maṁsaṁ khādassū" 'ti āha. „Bhātika, nâhaṁ maṁsaṁ khādissāmi[v], marissāmîti." „Kiṁkāraṇā" ti. Sā taṁ pavattiṁ ācikkhi „idāni kahaṁ so sigālo" ti ca vutte Phalikaguhāyaṁ nipannasigālaṁ[x] „ākāse nipanno" ti maññamānā[y] „bhātika, kiṁ na passasi[z], eso Rajatapabbate ākāse nipanno" ti[a]. Sīhapotako tassa Phalikaguhāyaṁ[b] nipannabhāvaṁ ajānanto „ākāse nipanno" ti saññī[c] hutvā „māressāmi[d] nan" ti sīhavegena pakkhanditvā Phalikaguhaṁ hadayen' eva pahari. So hadayena phalitena[e] tatth' eva jīvitakkhayaṁ patvā pabbatapāde pati. Athâparo āgañchi[d]. Sā tassa pi tath' eva kathesi. So pi tath' eva katvā jīvitakkhayaṁ patvā pabbatapāde pati. Evaṁ chasu pi bhātikesu matesu sabbapacchā Bodhisatto āgañchi[e]. Sā tassa pi[f] taṁ kāraṇaṁ ārocetvā „idāni so kuhin" ti vutte „eso Rajatapabbatamatthake[g] ākāse nipanno" ti āha. Bodhisatto[h] cintesi: „sigālānaṁ ākāse patiṭṭhā nāma n' atthi, Phalikaguhāya[i] nipannako[j] bhavissatîti" so pabbatapādaṁ otaritvā cha bhātike mate disvā „ime attano bālatāya pariggaṇhanapaññāya[k] abhāvena Phalikaguhābhāvaṁ ajānitvā hadayena paharitvā matā bhavissanti, asamekkhitaatturitaṁ karontānaṁ kammaṁ nāma evarūpaṁ hotîti" ñatvā[l] paṭhamaṁ gāthaṁ āha:

---

[t] B -ṇadīsu. [u] C C[p] C[s] aññā-. [v] B khādāmi. [x] B nipannaṁ sigālaṁ. [y] C C[p] C[s] maññamānā. [z] B kiṁ pana na passasi, C kiṁ panassasi. [a] C omits ti. [b] C[p] C[s] -guhāya. [c] C C[p] C[s] saññī, B saññi. [d] B mārissāmi. [c] C[p] phalitena [d] B āgacchi, C and C[p] have corrected agacchi to agañchi. [e] B āgacchi, C has corrected āgacchi to āgamchi. [f] C[p] C[s] omit pi. [g] C[p] C[s] -matthake. [h] C[p] C[s] add evaṁ. [i] B -guhāyaṁ. [j] B adds ca. [k] C C[p] C[s] -paṁñāya, B -saññāya. [l] B vatvā.

1. „Asamekkhitakammantaṁ
turitābhinipātinaṁ
sāni[m] kammāni tappenti[n]
uṇhaṁ v' ajjhohitaṁ mukhe“ ti.

Tattha asamekkhitakammantaṁ turitābhinipātinan ti yo puggalo yaṁ[o] kammaṁ kātukāmo hoti tattha dosaṁ asamekkhitvā anupadhāretvā turito hutvā vegen' eva taṁ kammaṁ kātuṁ abhinipatati pakkhandati paṭipajjati taṁ asamekkhitakammantaṁ turitābhinipātinaṁ tāni evaṁ katāni sāni kammāni tappenti[p] socenti[q] kilamenti, yathā kiṁ? uṇhaṁ v' ajjhohitaṁ mukhe[r] yathā bhuñjantena[s] „idaṁ sītalaṁ[t] uṇhan“ ti anupadhāretva uṇhaṁ ajjhoharaṇīyaṁ[u] mukhe ajjhohitaṁ ṭhapitaṁ mukham pi kaṇṭham pi kucchim pi dahati soceti kilameti evaṁ tathārūpaṁ puggalaṁ tāni kammāni tappenti[x]. Iti so sīho imaṁ gāthaṁ vatva „mama bhātikā anupāyakusalā[y] 'sigālaṁ māressāmā[z]' 'ti ativegena pakkhanditvā sayaṁ[a] mata, ahaṁ pana evaṁ akatva sigālassa Phalikaguhayaṁ nipannass' eva hadayaṁ phālessāmīti“ so sigālassa ārohana-orohanamaggaṁ sallakkhetva[a] tadabhimukho hutva tikkhattuṁ sīhanādaṁ nadi[a]. Paṭhaviyā[b] saddhiṁ akāsaṁ ekaninnādaṁ ahosi. Sigālassa Phalikaguhāya[c] nipannakass' eva[d] bhītatasitassa hadayaṁ phali[e]. So tatth' eva jīvitakkhayaṁ pāpuṇi. Satthā „evaṁ so sigālo sīhanādaṁ sutva jīvitakkhayaṁ patto“ ti vatvā abhisambuddho hutvā dutiyaṁ gāthaṁ āha:

---

[m] B tani. [n] B kappenti. [o] C omits yaṁ. [p] B kappenti. [q] B socatani, C socaneti. [r] B adds ti. [s] B bhuñjante. [t] B adds idaṁ. [u] B ajhoharaṇaṁ, C ajjhoharaniyaṁ. [v] B adds tappeti. [x] B kappenti. [y] B -kusalatāya. [z] B marissāmi. [a] B sayam pi. [a] B sallakkhitvā. [a] B nadati. [b] B pathavīyā. [c] B balikagubāyaṁ, C[p] phaḷikaguhā. [d] C[p] C[s] nipannasseva, B nippannasseva. [e] C[p] phaḷi.

2. „Sīho ca sīhanādena
daddaraṁ abhinādayi[f],
sutvā sīhassa nigghosaṁ
sigālo daddare vasaṁ
bhīto santāsam āpādi,
hadayañ c' assa apphalīti."

Tattha sīho ti cattāro sīhā: tiṇasīho paṇḍusīho kāḷasīho[g] surattahatthapādo kesarasīho ti. tesu kesarasīho idha adhippeto, daddaraṁ abhinādayīti tena asanisatasaddabheravatarena[h] sīhanādena taṁ Rajatapabbataṁ abhinādayi ekanādaṁ[i] akāsi, daddare vasan ti phalikamissake Rajatapabbate vasanto, bhīto santāsam āpādīti maraṇabhayena bhīto cittutrāsaṁ āpādi[j], hadayañ c' assa apphalīti tena c' assa bhayena hadayaṁ phalitaṁ. Evaṁ sīho sigālaṁ[k] jīvitakkhayaṁ pāpetvā bhātare ekasmiṁ ṭhāne paṭicchādetvā tesaṁ matabhāvaṁ bhaginiyā ācikkhitvā taṁ samassāsetvā yāvajīvaṁ Kañcanaguhāya[l] vasitvā yathākammaṁ gato.

Satthā imaṁ desanaṁ[m] āharitvā saccāni pakāsetvā jātakaṁ samodhānesi: (Saccapariyosāne upāsako sotāpattiphale patiṭṭhahi) „Tadā sigālo nahāpitaputto ahosi, sīhapotikā Licchavikumārikā, cha[n] kaniṭṭhabhātaro[o] aññatarattherā[p] ahesuṁ, jeṭṭhabhātikasīho[q] pana aham evā" 'ti. Sigāla-jātakaṁ.

---

[f] B abhinidayi. [g] omits kāḷasīho, C[p] C[s] have corrected kāḷasīho to kāḷasīho. [h] C[p] C[s] -tareṇa. [i] B ekaninnādaṁ. [j] C apādi, B apādi. [k] B sigālassa. [l] B -guhāyaṁ, C[p] has corrected -guhāyaṁ to -guhāya. [m] B dhammadesanaṁ. [n] C[p] C[s] omit cha. [o] C[p] C[s] kaniṭṭhabhātaro. [p] C C[p] C[s] aññatara-. [q] B jeṭhakabhā-.

II, 16, 3. SŪKARA-JĀTAKA.

„Catuppado[r] aham sammā“ 'ti. Idaṁ Satthā Jetavane viharanto aññataraṁ mahallakattheraṁ ārabbha kathesi. Ekasmiṁ hi divase rattiṁ[t] dhammasavane vattamāne Satthari gandhakuṭidvāre[u] maṇisopānaphalake[v] ṭhatvā bhikkhusaṁghassa Sugatovādaṁ datvā gandhakuṭiṁ[x] paviṭṭhe dhammasenāpati Satthāraṁ vanditvā attano pariveṇaṁ[y] agamāsi[z]. Mahāmoggallāno[a] pariveṇaṁ[y] eva gantvā muhuttaṁ vissamitvā[ö] therassa santikaṁ āgantvā[a] pañhaṁ pucchi. Pucchitapucchitaṁ dhammasenāpati gaganatale[b] candaṁ[c] uṭṭhāpento[d] viya vissajjetvā[e] pākaṭam akāsi. Catasso pi parisā dhammaṁ suṇamānā[f] nisīdiṁsu. Tatr' eko mahallakatthero cintesi: „sac' ahaṁ imissā[g] parisāya majjhe Sāriputtaṁ āluḷento[h] pañhaṁ pucchissāmi ayaṁ me parisā 'bahussuto ayan' ti ñatvā sakkārasammānaṁ karissatīti“ parisantarā uṭṭhāya theraṁ upasaṁkamitvā ekamantaṁ ṭhatvā[i] „āvuso Sāriputta, mayam pi taṁ ekaṁ pañhaṁ pucchāma, amhākam[j] pi okāsaṁ karohi, dehi me vinicchayaṁ āvedhikāye[k] vā nibbedhikaye[l] va niggahe va paṭiggahe vā visese vā paṭivisese vā“ ti āha. Thero taṁ[m] oloketvā „ayaṁ mahallako icchācāre ṭhito tuccho na kiñci jānātīti“ tena saddhiṁ akathetvā va lajjamāno vījaniṁ ṭhapetvā

---

[r] B catuppādo. [s] C Cᵖ Cᵏ aṁñataraṁ. [t] B ratti. [u] B -kuṭi-. [v] C maṇi-, B maṇisopāṇa-. [x] B -kuṭi, C -kuṭiṁ. [y] C Cᵖ Cᵏ pariveṇaṁ. [z] B āgamāsi. [a] B adds pi. [ö] B vissametvā vasametvā. [a] B gantvā. [b] B gagana-. [c] B puṇṇacanda. [d] B upaṭṭhapento. [e] C vissajjetvā. [f] B suṇamāṇā, Cᵖ Cᵏ suṇamānā. [g] B imissāya. [h] B āḷulento, C alulento. [i] B ṭhapetvā. [j] B ambhākaṁ. [k] B aveṭhikāya, Cᵏ āveṭhikāye. [l] B nippeṭhikāya, Cᵏ nibbeṭhikāye. [m] B omits taṁ.

assanā otaritvā pariveṇaṁ[n] agamāsi[o]. Moggallānatthero pi attano pariveṇam[p] eva agamāsi. Manussā uṭṭhāya „gaṇhath' etaṁ duṭṭhamahallakaṁ, madhuradhammasavanaṁ no sotuṁ na adasiti[q]" anubandhiṁsu[r]. So palāyanto vihārapaccante bhinnapadarāya[s] vaccakuṭiya patitvā gūthamakkhito uṭṭhasi. Manussā taṁ disvā vippaṭisārino hutvā Satthu santikaṁ agamaṁsu. Satthā te disvā „kiṁ, upāsakā, avelāya āgatā atthā[t]" 'ti pucchi. Manussā tam[u] atthaṁ ārocesuṁ. Satthā „na kho, upāsakā, idān' ev' esa mahallako ubbillāpito[w] hutvā attano balaṁ ajānitvā mahābalehi saddhiṁ payojetva gūthamakkhito jato, pubbe p' esa ubbillāpito[w] hutvā attano balaṁ ajānitvā mahābalehi saddhiṁ payojetvā gūthamakkhito ahosi[t]" vatvā tehi yācito atītaṁ āhari:

Atīte Bārāṇasiyaṁ Brahmadatte rajjaṁ kārente Bodhisatto siho hutvā Himavantapadese pabbataguhāya[v] vasaṁ kappesi. Tassāvidure ekaṁ saraṁ nissāya bahusūkarā nivāsaṁ kappesuṁ. Tam eva saraṁ nissāya tāpasāpi paṇṇasālāsu[x] vasaṁ kappesuṁ. Ath' ekadivasaṁ siho mahisavaraṇādisu[y] aññataraṁ[z] vadhitvā yāvadatthaṁ maṁsaṁ khāditvā taṁ saraṁ otaritvā pāniyaṁ[a] pivitva[a] uttari. Tasmiṁ khaṇe eko thullasūkaro taṁ saraṁ nissāya gocaraṁ gaṇhati[a]. Siho taṁ disvā „aññaṁ[b] ekadivasaṁ imaṁ khādissāmi[c], maṁ kho pana disvā puna nāgaccheyya[d]" 'ti tassa anāgamanabhayena[e] sarato uttaritvā ekena passena gantuṁ ārabhi. Sūkaro olo-

---

[n] C Cp Cs pariveṇaṁ. [o] B pavisi. [p] C Cp Cs pariveṇaṁ. [q] B nadasiti. [r] B anubandhiṁsuṁ. [s] C bhinnapadarā. [t] B agatattha. [u] C naṁ. [v] B uppilapito. [w] B pappataguhāyaṁ. [x] B -sālesu. [y] B mahisavāraṇādisu. [z] C Cp Cs aṁñataraṁ. [a] B pāṇiyaṁ, Cs pāniyaṁ. [a] B pavisitva. [a] B gaṇhati. [b] C Cp Cs aṁnaṁ. [c] B khādissāmiti. [d] B na āgaccheyya. [e] B anāgatabhayena.

ketvā „esa maṁ disvā mama bhayena upagantuṁ asakkonto bhayena palāyati, ajja mayā iminā sīhena saddhiṁ payojetuṁ vaṭṭatīti[f]" sīsaṁ ukkhipitvā taṁ yuddhatthāya avhayanto[g] pathamaṁ[h] gātham āha:

1. „Catuppado ahaṁ, samma,
tvam[i] pi, samma, catuppado;
ehi, sīha[j], nivattassu[k],
kin nu bhīto palāyasīti[l]".

Sīho tassa kathaṁ sutvā „samma sūkara, ajja amhākaṁ tayā saddhiṁ saṁgāmo n'atthi, ito pana sattame divase imasmiṁ yeva ṭhāne saṁgāmo hotū[m]" 'ti vatvā pakkami. Sūkaro „sīhena[n] saddhiṁ saṁgāmessāmīti[o]" tuṭṭhapahaṭṭho taṁ[p] pavattiṁ ñātakānaṁ ārocesi. Te tassa kathaṁ sutvā bhītatasitā „idāni tvaṁ sabbe pi amhe nāsessasi, attano balaṁ ajānitvā sīhena saddhiṁ saṁgāmaṁ kātukāmo[q] si, sīho āgantvā sabbe pi amhe jīvitakkhayaṁ pāpessati, sahasikakammaṁ mā karīti" ahaṁsu. So bhītatasito „idāni kiṁ karomīti" pucchi. Sūkarā[r] „etesaṁ tāpasānaṁ ukkārabhūmiṁ[s] gantvā[t] pūtigūthe sattadivasāni sarīraṁ vaṭṭetvā[u] sarīraṁ[v] sukkhāpetvā[w] sattame divase sarīraṁ ussāvabindūhi temetvā sīhassa āgamanato[x] purimataraṁ āgantvā[y] vātayogaṁ ñatvā uparivāte tiṭṭha[z], sucijātiko sīho

---

[f] C C[p] C[s] vaddhatīti. [g] B avhāyanto. [h] B pathamaṁ. [i] B tvaṁ. [j] B samma. [k] B nittassu, C nivattissu. [l] B palāyatīti. [m] B C[p] C[s] hotu. [n] B pītena. [o] B saṁgamissāmīti, C[p] C[s] saṅgāmessāmīti. [p] B C omit taṁ. [q] B saṁkamaṁkātukāme, C saṁgāmo kātukāmo, C[p] C[s] saṁgāmetukāmo. [r] B adds samma tvaṁ. [s] B uccārabhumiyaṁ. [t] B gaṁtvā. [u] C C[p] C[s] vaddhetvā, B vatteivā. [v] B omits sarīraṁ. [w] C sukkapetvā. [x] B agamato. [y] B gaṁtvā. [z] B tiṭṭhāhi. [a] B taṁ.

tava[a] sarīragandhaṁ[a] ghāyitvā tuyhaṁ jayaṁ datvā gamissatīti[a]" āhaṁsu. So tathā katvā sattame divase tattha aṭṭhāsi. Sīho tassa sarīragandhaṁ ghāyitvā gūthamakkhitabhāvaṁ ñatvā „samma sūkara, sundaro te leso cintito, sace tvaṁ[b] gūthamakkhito nâbhavissa[c] idh' eva taṁ[d] jīvitakkhayaṁ apāpessaṁ[e], idāni pana te sarīraṁ n'eva mukhena ḍasituṁ na pādena paharituṁ sakkā[f], jayan te dammīti" vatvā dutiyaṁ gātham âha:

2. „Asūci pūtilomo[d] si,
duggandho vāsi, sūkara;
sace yujjhitukāmo[g] si
jayaṁ, samma, dadâmi te" ti.

Tattha pūtilomo[e] sīti mīḷhamakkhitattā[h] duggandhalomo, duggandho vāsīti aniṭṭhajegucchapaṭikūlagandho[i] hutvā vāyasi, jayaṁ samma dadāmi te ti „tuyhaṁ jayaṁ demi, ahaṁ parājito, gaccha tvan[j]" ti vatvā sīho nivattitvā[k] gocaraṁ gahetvā sare pānīyaṁ[l] pivitvā pabbataguham eva gato. Sūkaro pi „sīho me jito" ti ñātakānaṁ ārocesi. Te bhītatasitā[m] „puna ekadivasaṁ āgacchanto sīho sabbe va amhe jīvitakkhayaṁ pāpessatīti[n]" palāyitvā aññattha[o] agamaṁsu.

Satthā imaṁ desanaṁ[p] āharitvā jātakaṁ samodhānesi: „Tadā[q] sūkaro mahallako ahosi, sīho pana aham evā" 'ti.

Sūkara-jātakaṁ.

---

[a] B sarīraṁ gandhaṁ. [a] B bhavissatīti. [b] B omits tvaṁ. [c] B nabhavissasi. [d] B omits taṁ. [e] B pāpeyyuṁ. [f] B adds sūkara. [d] B C[p] C[s] asuci putilomo. [g] C yajjhitu-, B kujjhitu-. [e] B C[p] C[s] putilomo. [h] B mūḷha-. [i] B aniṭṭhajekucchipaṭikula-, C[p] C[s] aniṭṭha jegucchapaṭikkūla-. [j] B tvaṁ. [k] B sīho tato ca nivattetvā. [l] B pāṇīyaṁ. [m] B bhītatasito. [n] C C[p] C[s] pāpessasīti. [o] C C[p] C[s] aṁñattha. [p] B dhammadesanaṁ. [q] B omits tadā.

II, 16, 4. URAGA-JĀTAKA.

„Idhūragānaṁ pavaro paviṭṭho" ti. Idaṁ Satthā Jetavane viharanto Seni-bhaṇḍanaṁ ārabbha kathesi. Kosalarañño[r] kira sevakā Seni-pamukhā dve mahāmaccā[s] aññamaññaṁ[t] diṭṭhaṭṭhāne[u] kalahaṁ karonti. Tesaṁ veribhāvo sakalanagare pakaṭo[v] jāto. Te n'eva rājā na ñātimittā samagge kātuṁ sakkhiṁsu[x]. Ath' ekadivasaṁ Satthā paccūsasamaye bodhaneyyabandhave olokento tesaṁ ubhinnam[y] pi sotāpattimaggassa upanissayaṁ disvā punadivase ekako va Sāvatthiṁ[z] piṇḍāya pavisitvā tesu ekassa gehadvāre aṭṭhāsi[α]. So nikkhamitvā pattaṁ gahetvā Satthāraṁ antonivesanaṁ pavesetvā[β] āsanaṁ paññāpetvā[γ] nisīdāpesi. Satthā nisīditvā[δ] tassa mettābhāvanāya ānisaṁsaṁ kathetvā kallacittataṁ ñatvā saccāni pakāsesi. Saccapariyosāne sotāpattiphale patiṭṭhahi. Satthā tassa sotāpannabhāvaṁ ñatvā tam eva pattaṁ[c] gāhāpetvā[d] uṭṭhāya itarassa gehadvāraṁ agamāsi. So[e] nikkhamitvā Satthāraṁ vanditvā „pavisatha bhante" ti gharaṁ[f] pavesetvā[g] nisīdāpesi. Itaro pi pattaṁ gahetvā Satthārā[h] saddhiṁ yeva[i] pāvisi. Satthā tassa[j] ekādasamettānisaṁse vaṇṇetvā cittakalyataṁ ñatvā saccāni pakāsesi. Saccapariyosāne so pi sotāpattiphale patiṭṭhahi. Iti te ubho pi sotāpannā hutvā aññamaññaṁ[k] accayaṁ desetvā[l] khamāpetvā samaggā sammodamānā ekajjhāsayā ahesuṁ. Taṁ divasaṁ yeva[m] Bhagavato sammukhā

---

[r] C -rañño. [s] B mahāmattā. [t] C Cᵖ Cˢ aṁñamaṁñaṁ. [u] B diṭṭhaṭṭhāne. [v] C pakato. [x] B kutu nasikkhisu, C kātuṁ na sakkhiṁsu. [y] B ubhinnaṁ. [z] B sivatthiyaṁ. [α] B ṭhāsi. [β] B pavisitvā. [γ] C paṁñāpetvā, Cᵖ Cˢ paṁñāpetvā. [δ] Cᵖ Cˢ add va. [c] B pattiṁ. [d] B āhārāpetvā. [e] B adds pi. [f] C gharaṁ. [g] B pavisitvā. [h] C adds va. [i] B saddhiraññeva. [j] C omits tassa. [k] C Cᵖ Cˢ aṁñamaṁñaṁ. [l] B dassetvā. [m] B divasaññeva, Cᵖ Cˢ divasaṁ yeva ca.

va ekato bhuñjiṁsu. Satthā bhattakiccaṁ niṭṭhapetvā vihāraṁ agamāsi. Te pi bahūni mālāgandhavilepanādīni[n] c' eva sappimadhuphāṇitādīni[o] ca ādāya Satthārā saddhiṁ yeva[p] nikkhamiṁsu. Satthā bhikkhusaṁghena vatte[q] dassite Sugatovādaṁ datvā gandhakuṭiṁ[r] pāvisi. Bhikkhū sāyaṇhasamaye dhammasabhāyaṁ kathaṁ[s] samuṭṭhāpesuṁ[t]: „āvuso, Satthā adantadamako, ye[u] nāma dve mahāmacce[v] ciraṁ vāyamāno[w] pi n' eva rājā samagge kātuṁ asakkhi[x] na ñātimittādayo[y] te ekadivasen' eva Tathāgatena damitā" ti. Satthā agantvā[z] „kāya nu 'ttha bhikkhave etarahi kathāya sannisinnā" ti pucchitvā „imāya nāma" 'ti vutte „na, bhikkhave, idān' evâhaṁ ime dve jane samagge akāsiṁ, pubbe p' ete[α] mayā samaggā katā yevā" 'ti vatvā atītaṁ āhari:

Atīte Bārāṇasiyaṁ Brahmadatte rajjaṁ kārente Bārāṇasiyaṁ ussave ghosite mahāsamajjaṁ ahosi. Bahū manussā ca devanāgasupaṇṇādayo ca samajjadassanatthaṁ sannipatiṁsu. Tatr' ekasmiṁ ṭhāne eko nāgo ca supaṇṇo ca[β] samajjaṁ passamānā ekato aṭṭhaṁsu. Nāgo supaṇṇassa supaṇṇabhāvaṁ ajānanto aṁse hatthaṁ ṭhapesi. Supaṇṇo „kena me aṁse hattho ṭhapito" ti nivattitvā olokento nāgaṁ sañjāni[a]. Nāgo pi olokento supaṇṇaṁ sañjānitvā maraṇabhayatajjito nagarā[b] nikkhamitvā nadīpiṭṭhena palāyi. Supaṇṇo pi[c] „taṁ gahessāmīti" anubandhi. Tasmiṁ samaye Bodhisatto tāpaso hutvā tassa nadiyā tīre paṇṇasālāya[d] vasamāno divādarathaṁ[e]

---

[n] B -vilepanāni. [o] C Cp Cs -phāṇitādīni. [p] B saddhiṁ ñeva. [q] B vitte. [r] D -kuṭi, C -kuṭiṁ. [s] D satthu guṇakathaṁ. [t] B samuṭhapesuṁ. [u] B yeva. [v] D mahamatta. [w] CpCs vāyamamāno. [x] B nasi. [y] B adds sikkhisuṁ. [z] B agaṁtva. [α] D puppe pi te, C pubbe te. [β] B adds iti dve. [a] B sañcani. [b] B nāgarā. [c] B omits pi. [d] B paṇṇasālāyaṁ. [e] B divāradaratha, C divārathaṁ.

paṭippassambhanatthaṁ[f] udakasāṭikaṁ nivāsetvā vakkalaṁ bahi ṭhapetvā[g] nadiṁ otaritvā nahāyati[h]. Nāgo „imaṁ pabbajitaṁ nissāya jīvitaṁ labhissāmīti" pakativaṇṇaṁ vijahitvā maṇikkhandhavaṇṇaṁ[i] māpetvā vakkalantaraṁ pāvisi. Supaṇṇo anubandhamāno taṁ tattha paviṭṭhaṁ disvā vakkale garubhāvena agahetvā Bodhisattaṁ āmantetvā „bhante, ahaṁ chāto, tumhākaṁ vakkalaṁ gaṇhatha, imaṁ nāgaṁ khādissāmīti" imam atthaṁ pakāsetuṁ[j] paṭhamaṁ gātham āha:

1. „Idh' uragānaṁ pavaro paviṭṭho
selassa vaṇṇena pamokkham icchaṁ,
brahmañ ca vaṇṇaṁ apacāyamāno
bubhukkhito no visahāmi bhottun" ti.

Tattha *idhūragānaṁ pavaro paviṭṭho* ti imasmiṁ vakkale[k] uragānaṁ pavaro nāgarājā paviṭṭho, *selassa vaṇṇenā* 'ti maṇivaṇṇena[l], maṇikkhandho hutvā paviṭṭho ti attho, *pamokkham icchan* ti mama santikā mokkham icchamāno, *brahmañ ca vaṇṇaṁ apacāyamāno* ti ahaṁ pana tumhākaṁ brahmavaṇṇaṁ seṭṭhavaṇṇaṁ pūjento[m] garukaronto, *bubhukkhito no visahāmi bhottun* ti etaṁ[n] nāgaṁ vakkalantaraṁ[o] paviṭṭhaṁ[p] chāto pi samāno bhakkhituṁ na sakkomi. Bodhisatto udake ṭhito yeva supaṇṇarājassa thutiṁ katvā dutiyaṁ gātham āha:

---

[f] B paṭipass-. [g] B ṭhapetvā. [h] B hnāyati. [i] B maṇikhaṇḍavaṇṇa, C maṇikkhandhavaṇṇaṁ. [j] B pakāsento. [k] C C[p] C[s] vakkalaṁ. [l] C omits maṇivaṇṇena. [m] B pūjayanto. [n] B ekaṁ. [o] C[s] vakkalaṁtaraṁ. [p] C C[p] C[s] paviṭṭho, B paviṭhaṁ.

2. „So Brahma-gutto ciram eva jīva,
dibbā[q] ca te pātubhavantu[r] bhakkhā.
so brahmavaṇṇaṁ apacāyamāno
bubhukkhito no vitarāsi[s] bhottun[t] ti.

Tattha so brahmagutto ti so tvaṁ Brahma-gopito Brahmarakkhito hutvā, dibbā[q] ca te pātubhavantu[r'] bhakkhā ti devatānaṁ paribhogārahā bhakkhā ca tava pātubhavantu', mā pāṇātipātaṁ[u] katvā nāgamaṁsakhādako ahosi. Iti Bodhisatto udake ṭhito va anumodanaṁ katvā uttaritvā vakkalaṁ nivāsetvā te ubho pi gahetvā assamapadaṁ gantvā[v] mettābhāvanāya vaṇṇaṁ kathetvā dve pi jane samagge akāsi. Te tato paṭṭhāya samaggā sammodamānā sukhaṁ vasiṁsu[x].

Satthā imaṁ dhammadesanaṁ āharitvā jātakaṁ samodhānesi: „Tadā nāgo ca supaṇṇo ca ime dve mahāmattā ahesuṁ, tāpaso pana aham evā ti. Uraga-jātakaṁ[w].

II, 16, 5. GAGGA-JĀTAKA.

„Jīva vassasataṁ Gaggā" 'ti. Idaṁ Satthā Jetavanasamīpe Pasenadiraññā[y] kārite Rājakārāme[z] viharanto attano khipitakaṁ ārabbha kathesi. Ekasmiṁ hi divase Satthā Rājakārāme[z] catuparisamajjhe nisīditvā dhammaṁ desento khipi. Bhikkhū „jīvatu bhante Bhagavā, jīvatu Sugato" ti uccāsaddaṁ[a] mahāsaddaṁ akaṁsu. Tena saddena dhammakathāya antarāyo ahosi. Atha kho Bhagavā bhikkhū āmantesi: „Api nu kho, bhikkhave, khipite 'jīvā' 'ti vutte tappac-

---

[q] B dibya. [r] Cᵖ Cᵏ pātubhavanti. [r'] C Cᵖ Cᵏ pātubhavanti. [s] B visabāmi. [t] B sottun. [u] C Cᵖ Cᵏ pāṇāti-. [v] B gaṁtvā. [x] B sukhavāsaṁ vasiṁsu. [w] B adds catutthaṁ. [y] C Cᵖ Cᵏ -raṁñā. [z] B rājika-. [a] C uccāsaddā, Cᵖ Cᵏ uccāsadda.

caya jīveyya vā[z] mareyya[a] vā" ti. „No h' etaṁ, bhante." „Na,[b] bhikkhave, khipite 'jīva' 'ti vattabbo, yo[c] vadeyya āpatti dukkaṭassā" ti. Tena kho pana samayena manussā bhikkhūnaṁ khipite „jīvatha[d] bhante" ti vadanti. Bhikkhū kukkuccayantā nālapanti. Manussā ujjhāyanti: „kathaṁ hi nāma samaṇā Sakyaputtiyā 'jīvatha bhante' ti vuccamānā nālapissantīti[e]". Bhagavato etaṁ atthaṁ ārocesuṁ. „Gihī, bhikkhave, iṭṭhamaṅgalikā[f]; anujānāmi, bhikkhave, gihīnaṁ 'jīvatha bhante' ti vuccamānena 'ciraṁ jīva' 'ti vattuṁ vaṭṭatīti[g]. Bhikkhū Bhagavantaṁ pucchiṁsu: „bhante, jīvapaṭijīvaṁ nāma kadā uppannan" ti. Satthā „bhikkhave, jīvapaṭijīvaṁ nāma porāṇakāle[h] uppannan" ti vatvā atītaṁ āhari:

Atīte Bārāṇasiyaṁ Brahmadatte rajjaṁ kārente Bodhisatto Kāsiraṭṭhe[i] ekasmiṁ brāhmaṇakule nibbatti. Tassa pitā vohāraṁ katvā jīvikaṁ[j] kappeti[k]. So soḷasavassapadesikaṁ Bodhisattaṁ maṇikabhaṇḍaṁ ukkhipāpetvā gāmanigamādisu caranto Bārāṇasiṁ[l] patvā dovārikassa ghare bhattaṁ pacāpetvā bhuñjitvā nivāsanaṭṭhānaṁ alabhanto „avelāya āgatā āgantukā kattha vasantīti" pucchi. Atha naṁ manussā „bahinagare ekā sālā atthi, sā pana amanussapariggahitā[m], sace icchatha tattha[n] vasathā" 'ti āhaṁsu. Bodhisatto „etha, tāta, gacchāma, mā yakkhassa bhāyittha, ahan[o] taṁ dametvā tumhākaṁ pādesu pātessāmīti" pitaraṁ gahetvā tattha gato. Ath' assa pitā phalake[p] nipajji, sayaṁ pitu pāde sambāhamāno[q] nisīdi.

---

[z] B adds dhāreyya vā. [a] C careyya. [b] B adds hi. [c] C^p C^s ye. [d] B C jīvata. [e] B lapissantīti. [f] B omits iṭṭha. [g] B vattuṁ vaṭṭatīti, C C^p C^s vattun ti, omitting vaṭṭati. [h] C porāṇakāle, C^p C^s porāṇakakāle. [i] B kāsikaraṭṭhe. [j] B jīvitaṁ. [k] B kappesi. [l] B bārāṇasī, C C^p C^s bārāṇasiyaṁ. [m] B C^p C^s -pariggahitā. [n] C C^s C^p omit tattha. [o] C^p C^s ahaṁ. [p] C palake. [q] B samāhanto.

Tattha adhivattho yakkho pana dvadasa vassāni Vessavaṇaṁ[r] upaṭṭhahitva taṁ sālaṁ labhanto „Imaṁ salaṁ paviṭṭhamanussesu yo[s] khipite ‘jīva’ ’ti vadati yo[s] ca ‘jīva’ ’ti vutte ‘paṭijīva’ ’ti vadati te jīvapaṭijīvabhaṇino ṭhapetvā avasese khadeyyasīti“ labhi. So piṭṭhavaṁsathūṇaya vasati. So „Bodhisatta-pitaraṁ[t] khipapessāmīti“ attano ānubhavena sukhumacuṇṇaṁ vissajjesi. Cuṇṇo āgantva[u] tassa nasāpuṭesu pāvisi. So phalake nipannako va khipi. Bodhisatto na[v] ‘jīvā’ ’ti āha. Yakkho taṁ khādituṁ thūṇāya otarati. Bodhisatto taṁ otarantaṁ disva „Iminā me pitā khipapito bhavissati“, ayaṁ so[x] khipite ‘jīva’ ’ti avadantaṁ khādakayakkho bhavissatīti“ pitaraṁ ārabbha paṭhamaṁ gātham āha:

1\. „Jīva vassasataṁ, Gagga,
aparāni ca visatiṁ[y],
mā maṁ pisācā khādantu[z],
jīva tvaṁ sarado[a] satan“ ti.

Tattha Gaggā ti pitaraṁ namena ālapati, aparāni ca visatīti aparāni ca visati vassāni jīva, mā maṁ pisācā khādantū ’ti maṁ pisacā mā khādantu, jīva tvaṁ sarado[a] satan ti tvaṁ pana visuttaraṁ vassasataṁ jīvā ’ti[a], saradasataṁ hi[b] gaṇhiyamānaṁ vassasatam eva hoti, taṁ purimehi visaya[c] saddhiṁ visuttaraṁ idha adhippetaṁ. Yakkho Bodhisattassa vacanaṁ sutva „Imaṁ tāva māṇavaṁ ‘jīva’ ’ti vuttattā

---

[r] B vassavaṇaṁ, C C[p] C[k] vessavanaṁ. [s] C so. [t] B bodhisattassa pitaraṁ, C bodhisatto pitaraṁ. [u] B āgaṁtvā. [v] B bodhisatta naṁ, C bodhisatto naṁ. [w] C bhavissatīti. [x] C yo? [y] B visati, C visatiṁ. [z] B adantu. [a] B parato. [a] B hi. [b] B parato satañ hi. [c] B visāhi, C visāya.

khādituṁ na sakkā[d], pitaraṁ pan' assa khādissāmīti" pitu santikaṁ agamāsi. So taṁ āgacchantaṁ disvā cintesi: „ayaṁ so 'paṭijīva' 'ti abhaṇantānaṁ[e] khādanayakkho bhavissati, paṭijīvaṁ karissāmīti" so puttaṁ ārabbha dutiyaṁ gātham āha:

2. „Tvam[f] pi vassasataṁ jīva
aparāni ca vīsatiṁ[g],
visaṁ[h] pisācā khādantu,
jīva tvaṁ sarado[i] satan ti.

Tattha visaṁ[j] pisācā ti pisācā halāhalavisaṁ khādantu. Yakkho tassa vacanaṁ sutvā „ubho p' ime na sakkā khādituṁ[l]" ti paṭinivatti. Atha naṁ Bodhisatto pucchi: „bho, yakkha, kasmā tvaṁ imaṁ[m] sālaṁ paviṭṭhamanusse khādasīti." „Dvādasa vassāni Vessavaṇaṁ upaṭṭhahitvā laddhoti" ti. „Kiṁ pana sabbe va khādituṁ labhasīti"." „Jīvapaṭijīvabhaṇino[o] ṭhapetvā avasese khādāmīti". „Yakkha, tvaṁ pubbe pi akusalaṁ katvā kakkhaḷo[p] pharuso paravihiṁsako hutvā nibbatto, idāni pi tādisaṁ kammaṁ katvā tamotamaparāyano bhavissasi[q], tasmā ito paṭṭhāya pāṇātipātādīhi[r] viramassū" 'ti taṁ yakkhaṁ dametvā nirayabhayena tajjetvā pañcasu sīlesu patiṭṭhāpetvā yakkhaṁ[s] pesanakārakaṁ viya akāsi. Punadivase sañcarantā manussā yakkhaṁ disvā Bodhisattena c'assa damitabhāvaṁ[t] ñatvā rañño[u] ārocesuṁ: „deva, eko māṇavo[v] taṁ yakkhaṁ dametvā pesanakārakaṁ[x] viya katvā ṭhito" ti.

---

[d] C adds ti. [e] C^p C^s abhaṇantānaṁ. [f] B tvaṁ. [g] B vīsati. [h] C C^p vis-. [i] B parato. [j] B visaṁ. [k] B adds khādantu. [l] B khādituṁ. [m] C omits imaṁ. [n] B adds so. [o] C^p C^s -bhaṇino. [p] B C^p C^s kakkhaḷo. [q] B bhavissati, C bhavissatīti. [r] C C^p pāṇāti-. [s] B taṁ yakkhaṁ. [t] B -bhavañ. [u] C C^p C^s raṁño. [v] B māṇavo. [x] C^p pesaṇa-.

Rājā Bodhisattaṁ pakkosāpetvā senāpatiṭṭhāne[y] ṭhapesi pitu c' assa mahantaṁ yasaṁ adāsi. So yakkhaṁ balipaṭiggahakaṁ katvā Bodhisattassa ovāde ṭhatvā[z] dānādīni puññāni[a] katvā saggapadaṁ[b] pūresi.

Satthā imaṁ dhammadesanaṁ āharitvā „jīvapaṭijīvaṁ[c] nāma tasmiṁ kāle uppannan" ti vatvā jātakaṁ samodhānesi: „Tadā rājā Ānando ahosi, pitā Kassapo, putto pana aham evā" 'ti. Gagga-Jātakaṁ[d].

II, 16, 6. ALĪNACITTA-JĀTAKA.

„Alīnacittaṁ nissāya[a] 'ti. Idaṁ Satthā Jetavane viharanto ekaṁ ossaṭṭhavīriyaṁ bhikkhuṁ ārabbha kathesi. Vatthuṁ Ekādasanipāte Saṁvarajātake āvibhavissati[b]. So pana bhikkhu Satthārā „saccaṁ kira tvaṁ, bhikkhu, vīriyaṁ ossajjitī[c]" vutte „saccaṁ, Bhagavā" ti āha. Atha naṁ Satthā „nanu tvaṁ, bhikkhu, pubbe vīriyaṁ katvā maṁsapesisadisassa daharakumārassa dvādasayojanike Bārāṇasinagare[d] rajjaṁ gahetvā adāsi, idāni kasmā evarūpe sāsane pabbajitvā vīriyaṁ ossajasī[e]" vatvā atītaṁ āhari:

Atīte Bārāṇasiyaṁ Brahmadatte rajjaṁ kārente Bārāṇasito avidūre vaḍḍhakigāmo[f] ahosi. Tattha pañcasata[g] vaḍḍhakī[h] vasanti. Te nāvāya[i] upari sotaṁ gantvā[j] araññe[k]

---

[y] C sotapattiṭṭhāne. [z] B ṭhatvā. [a] C^p C^s puññāni. C puññāni. [b] B saggapūraṁ. [c] B jīvapaṭijīvan. [d] B adds pañcamaṁ. [b] āvi-. [c] B osajjiti, C ossajiti. [d] C baranasi, B bārāṇasi. [e] B osajjita. [f] B vaḍhaki-, C C^p vaḍḍhaki-. [g] B pañcasata. [h] B vaḍhakiṁ, C^p C^s vaḍḍhaki. [i] B nāgāya, C nācāya. [j] B gaṁtvā. [k] B araññe pavisisu, C C^p C^s araññe.

gehasambharadārūni[k] koṭṭetvā tatth' eva ekabhūmikadvibhūmikādibhede gehe[l] sajjetvā thambhato paṭṭhāya sabbadārusu[m] saññaṁ[n] katvā nadītīraṁ netvā nāvaṁ āropetvā anusotena nagaraṁ āgantvā[o] ye yādisāni gehāni ākaṁkhanti tesaṁ tādisāni katvā kahāpaṇe[p] gahetvā puna tatth' eva[q] gantvā[r] gehasambhāre āharanti. Evaṁ tesaṁ jīvikaṁ[s] kappentānaṁ ekasmiṁ kāle khandhavāraṁ[t] bandhitvā[u] dārūni[v] koṭṭentānaṁ avidūre eko hatthi[w] khadirakhāṇukaṁ[x] akkami. Tassa so khāṇuko[y] padaṁ vijjhi. Balavavedanā vattanti. Pādo uddhumāyitvā pubbaṁ gaṇhi. So vedanāmatto[z] tesaṁ dārukoṭṭanasaddaṁ[a] sutvā „ime vaḍḍhakī nissāya mayhaṁ sotthi bhavissatīti“ maññamāno[a] tīhi padehi tesaṁ santikaṁ gantvā avidūre nipajji[b]. Vaḍḍhakī taṁ uddhumātapādaṁ disvā upasaṁkamitvā pāde khāṇukaṁ[c] disvā tikhiṇavāsiyā[d] khāṇukassa[e] samantato odhiṁ katvā rajjuyā bandhitvā ākaḍḍhantā[f] khāṇukaṁ[g] nīharitvā pubbaṁ mocetvā[h] uṇhodakena dhovitvā tadanurūpehi bhesajjehi[i] nacirass' eva vaṇaṁ phāsukaṁ kariṁsu. Hatthi[k] ārogo[j] hutvā cintesi: „mayā ime vaḍḍhakī nissāya jīvitaṁ laddhaṁ, idāni tesaṁ mayā upakāraṁ kātuṁ vaṭṭatīti“ so tato paṭṭhāya vaḍḍhakīhi saddhiṁ rukkhe nīharati tacchen-

---

[k] B gehasambharādidāruni, Cp Cs gehasambharadāruni. [l] B gehasambhāre. [m] all MSS. -darusu. [n] C Cp Cs saṁñaṁ. [o] B āgaṁtva. [p] C B kahapane. [q] Cp Cs tatheva. [r] B gaṁtvā. [s] B jīvitaṁ. [t] B khandhavāraṁ. [u] B bandhetvā. [v] B Cp Cs dāruni. [w] so all MSS. [x] B ekaṁ khadirakhāṇukaṁ. [y] B khāṇuko. [z] B vedanapatto. [a] B darukoṭṭenasaddaṁ. [a] C Cp Cs maṁñamāno. [b] B nippajji. [c] B khāṇukaṁ. [d] B taṁkhiṇāsavāsiya, C tikhiṇavāsiyā, Cp tikhiṇivāsiyā. [e] B Cp Cs khāṇukassa. [f] B ākaṁḍhantā, Cp Cs akaḍḍhantā. [g] B Cp khāṇukaṁ. [h] B pucchitvā. [i] B adds makkhitvā. [j] B arogo.

tanaṁ[k] parivattetvā[l] deti vasiādīni upasaṁharati soṇḍāya veṭhetvā kālasuttakoṭiyaṁ[m] gaṇhati. Vaḍḍhakī pi 'ssa bhojanavelāya ekekaṁ piṇḍaṁ denti pañca piṇḍasatāni denti. Tassa pana hatthissa putto sabbaseto hatthājānīyapotako[n] atthi. Ten' assa etad ahosi: „ahaṁ etarahi mahallako, idāni mayā imesaṁ kammakaraṇatthāya puttaṁ datvā gantuṁ vaṭṭatīti" so vaḍḍhakīnaṁ anācikkhitvā va araññaṁ[o] pavisitvā puttaṁ ānetvā „ayaṁ hatthipotako mama putto, tumhehi mayhaṁ jīvitaṁ dinnaṁ, ahaṁ vo vejjavetanatthāya imaṁ dammi, ayaṁ tumhākaṁ ito paṭṭhāya kammāni karissatīti" vatvā „ito paṭṭhāya yaṁ pana mayā kattabbaṁ kammaṁ tvaṁ karohīti" puttaṁ ovaditvā vaḍḍhakīnaṁ datvā sayaṁ araññaṁ pāvisi. Tato paṭṭhāya hatthipotako vaḍḍhakīnaṁ vacanakaro[p] ovādakkhamo hutvā sabbakiccāni karoti. Te pi taṁ pañcahi piṇḍasatehi posenti. So kammaṁ katvā nadiṁ otaritvā[q] kīḷitvā[r] āgacchati. Vaḍḍhakidārakāpi[s] taṁ soṇḍādisu[t] gahetvā udake pi thale pi tena saddhiṁ kīḷanti[u]. Ājānīyā[v] pana hatthino pi assāpi purisāpi udake uccāraṁ vā passāvaṁ vā na karonti. Tasmā so pi udake uccārapassāvaṁ akatvā bahi nadītīre eva[w] karoti. Ath' ekasmiṁ divase upari nadiyā devo vassi. Addhasukkhaṁ[x] hatthilaṇḍaṁ[y] udakena nadiṁ otaritvā gacchantaṁ Bārāṇasinagaratitthe[z] ekasmiṁ gumbe laggitvā aṭṭhāsi. Atha rañño[a] hatthigopakā „hatthiṁ[b] nahāpessāmā" 'ti pañca hatthisatāni

---

[k] B tacchantānaṁ. [l] B parivaṭṭetvā. [m] Cp kāḷa-. [n] B hatthājānīya-. [o] C Cp Cs araññaṁ. [p] B vacanaṁ karoti. [q] B adds nhāyitvā or hnāyitvā. [r] B kīḷitvā, Cs kīlitvā. [s] C Cp Cs vaḍḍhaki-, B vaḍḍhakinda-. [t] C soṇḍādisu. [u] C Cp Cs kilanti, B kīḷanti. [v] Cs ajāniyā, C ajāniya, B ajāniya. [w] B yeva. [x] B atha sukkhaṁ. [y] B hatthileṇḍaṁ, Cs hatthilaḍḍhaṁ. [z] C barānasi-, Cp bāraṇasi-. [a] C Cp Cs raṁño. [b] B C hatthi.

nayiṁsu[a]. Ājāniyalaṇḍassa[b] gandhaṁ ghāyitvā eko pi hatthī nadiṁ otarituṁ na ussahi, sabbe naṅguṭṭhaṁ[c] ukkhipitvā palāyituṁ ārabhiṁsu. Hatthigopakā hatthācariyānaṁ ārocesuṁ. Te „udake paripanthena[d] bhavitabban" ti udakaṁ sodhapetvā tasmiṁ gumbe ājāniyalaṇḍaṁ[e] disvā „idam ettha kāraṇan" ti ñatvā caṭiṁ āharāpetvā udakassa pūretvā taṁ tattha madditvā hatthīnaṁ sarīre[f] siñcāpesuṁ[g]. Hatthācariyā rañño[i] taṁ pavattiṁ ārocetvā „taṁ hatthājānīyaṁ[k] pariyesitvā ānetuṁ vaṭṭati[l] deva" 'ti āhaṁsu[m]. Rājā nāvāsaṁghāṭehi[n] nadiṁ pakkhanditvā uddhagāmihi saṁghāṭehi[o] vaḍḍhakīnaṁ vasanaṭṭhānaṁ sampāpuṇi[p]. Hatthipotako[q] nadiyaṁ kīḷanto[r] bherisaddaṁ sutvā gantvā[s] vaḍḍhakīnaṁ santike aṭṭhāsi. Vaḍḍhakī rañño[i] paccuggamanaṁ katvā „deva, sace dārūhi[t] attho kiṁkāraṇā āgat' attha, kiṁ pesetvā āharāpetuṁ na vaṭṭatīti[u]" āhaṁsu. „Nâhaṁ, bhaṇe, dārūnaṁ[v] atthāya[w] āgato, imassa pana hatthissa atthāya āgato 'mhīti." „Gahāpetvā gacchatha[y] devā" 'ti. Hatthipotako[z] gantuṁ na icchi. „Kiṁ kārāpesi[aa], bhaṇe, hatthīti". „Vaḍḍhakīnaṁ posāvanikaṁ[bb] āharāpeti[cc], devā" 'ti. „Sādhu, bhaṇe" ti rājā hatthissa catunnaṁ pādā-

---

[a] B nhāyisu or bnayisu. [b] B ajāniya, C C[p] ajāniya-, C[s] ajāniyaladdhassa. [c] C[p] C[s] naṁguṭṭhaṁ. [d] B makābandhena, C paripatthena. [e] B ajāniyalenḍaṁ, C ajāniyalaṇḍaṁ, C[p] ajāniyalaṇḍaṁ, C[s] ajāniyaladdhaṁ. [f] B hatthīnaṁ sarīresu. [g] B makkhapesuṁ. [h] B nhāyisu. [i] C C[p] C[s] raṁño. [k] C hatthājāniyaṁ, B tatthājāniuyaṁ. [l] B vattati. [m] B C āhaṁsu. [n] B nāvasaṅghatehi. [o] B uddhaṁ gāminavāsaṅghatehi. [p] B simāpuṇi. [q] B pavattipotako. [r] B kiḷanto, C[s] kīlanto. [s] B gaṁtva. [t] C[p] C[s] dāruhi. [u] B vattatīti. [v] B dārūṇaṁ, C[p] C[s] dāranaṁ. [w] C athāya. [y] B gaccha. [z] C -poto. [aa] B karomi. [bb] B posāvaniyaṁ. [cc] B āhārāpeti, C āharāpeti.

nam[b] sondāya naṅguṭṭhassa[c] santike satasahassasatasahassam[d] kahāpaṇe[e] ṭhapāpesi. Hatthi[f] ettakenāpi āgantvā[g] sabba-vaḍḍhakīnaṁ dussayugesu[h] vaḍḍhakibhariyānaṁ nivāsanasāṭakesu[i] dinnesu saddhiṁkīḷitadārakānañ[k] ca dārakaparihāre kate[l] nivattitvā vaḍḍhakī ca[m] itthiyo ca dārake ca oloketvā raññā[n] saddhiṁ agamāsi[o]. Rājā taṁ ādāya nagaraṁ gantvā[p] nagarañ[q] ca hatthisālañ ca alaṁkārāpetvā[r] hatthiṁ nagaraṁ padakkhiṇaṁ[s] karetvā hatthisālaṁ pavesetvā sabbālaṁkārehi alaṁkaritvā[t] abhisekaṁ datvā opavayhaṁ[u] katvā attano sahāyaṭṭhāne[v] ṭhapetvā upaḍḍharajjaṁ hatthissa datvā attano samānaparihāraṁ akāsi. Hatthissa āgatakālato paṭṭhāya rañño[x] sakala-Jambudīpe rajjaṁ hatthagatam eva ahosi. Evaṁ kāle gacchante Bodhisatto tassa rañño[x] aggamahesiyā kucchimhi[y] paṭisandhiṁ gaṇhi[z]. Tassa[a] gabbhaparipākakāle[b] rājā kālam akāsi. Hatthi[a] pana sace rañño[x] kālakatabhāvaṁ[b] jāneyya tatth' ev' assa hadayaṁ phāleyya[c], tasmā hatthiṁ[d] rañño[x] kālakatabhāvaṁ[b] ajānāpetvā va upaṭṭhahiṁsu[e]. Rañño[x] pana kālakatabhāvaṁ[b] sutvā „tucchaṁ kira rajjan" ti anantarasāmanto Kosalarājā mahatiyā senāya āgantvā[f] nagaraṁ parivāri[g]. Te[h] nagara-

---

[b] C^p C^s padanaṁ. [c] B adds ca. [d] B omits satasahassa. [e] B gahapane, C kahapane. [f] B omits hatthi. [g] C gantva, B agantva, C^s has corrected agantva to agantvā. [h] B -yuggesu. [i] B nidhāsanasāṭikesu. [k] B kiḷitadāranānaṁ, C kiḷitadārakānaṁ. [l] C C^p C^s add vaḍḍhakiṁ. [m] C C^p C^s omit vaḍḍhakī ca. [n] C C^p C^s raṁñā. [o] B agamasī. [p] B gaṁtvā. [q] C naṅgarañ. [r] B alañkārāpetvā. [s] C padakkhinaṁ. [t] B sabbalañkārehi alañkaretvā. [u] C^p C^s opavuyhaṁ. [v] B sahāyakaṭṭhāne. [x] C C^p C^s raṁño. [y] C kucchismiṁ. [z] C ganhī. [a] B tassa. [b] C omits gabbha. [a] so all MSS. [b] B kālañkata-. [c] C^p C^s phāleyya. [d] B C^s hatthī. [e] B upaṭhahiṁsuṁ. [f] B agaṁtva. [g] B parivāresi. [h] B omits te.

dvarani pidahitva Kosalarañño[i] sasanam pahiṇimsu[j]: „amhakam rañño[a] aggamahesi[k] paripuṇṇagabbha 'ito kira sattame divase puttam vijayissatīti' aṅgavijjāpāṭhaka[l] āhamsu[m], sace sā puttam vijayissati mayam sattame divase yuddham dassāma na rajjam, ettakam[n] kālam āgametha" ti. Rāja „sādhū" 'ti sampaṭicchi. Devī sattame divase puttam vijāyi. Tassa nāmagahaṇadivase[o] „mahajanass' alinam cittam[p] paggaṇhanto[q] jato" ti Alīnacitta-kumaro t' ev' assa[r] nāmam akamsu. Jatadivasato yeva pan' assa paṭṭhaya[s] nagara[t] Kosalarañña[u] saddhim yujjhimsu[v]. Ninnayakatta[w] samgāmassa mahantam[x] pi balam yujjhamānam thokathokam[y] osakkati. Amacca deviya tam attham arocetvā „mayam evam osakkamane bale parajjhanabhavassa[z] bhayama, amhakam pana rañño[a] kalakatabhavam[b] puttassa jatabbhavam Kosalarañño[a] āgantva[b] yujjhanabhavañ[c] ca rañño[a] sahayako maṅgalahatthi[d] na janati, janapema nan" ti pucchimsu. Sa „sadhū" 'ti sampaṭicchitva puttam alamkaritvā dukūlacumbaṭe[e] nipajjāpetvā[f] pasadā orayha amaccagaṇaparivuta[g] hatthisālam gantva[h] Bodhisattam hatthissa pādamūle nipajjāpetva[i] „sāmi[i],

---

[i] C kosalaramño, C^p C^s kosaḷaramño. [j] B pahiṇisum, C^p pahiṇimsu, C^s pahinimsu. [k] so all MSS. [l] C^p C^s aṅga-. [m] B ahamsum. [n] B ethakam. [o] B namagahanadivase panassa. [p] B omits linam cittam. [q] C pagganhanto. [r] B tevassa. [s] B jātadivasato paṭhaya pana. [t] B nagara. [u] C -ramña. [v] C yuddhimsu. [w] B ninaya-. [x] B mahantam. [y] B thokam thokam. [z] B parajassa āvassa (parajayabhavassa?) [a] C C^p C^s ramño. [b] B kalaṅkata-. [c] C kosaloramño, C^p kosaḷarañño, C^s kosalaramño. [b] B agamtva. [c] B yujhanakāraṇañ, [d] C^p C^s maṅgaḷa-. [e] B nakulacumpitake. [f] B nipp-. [g] C C^p C^s -gana-, B -gaṇaparivuto. [h] B gamtvā. [i] so all MSS.

sahayo te kalakato[j], mayaṁ tuyhaṁ hadayaphalanabhayena[k] nārocimha, ayan[l] te sahayassa putto, Kosalaraja[m] agantva[n] nagaraṁ parivaretvā tava puttena saddhiṁ yujjhati, balaṁ osakkati, tava puttaṁ tvaṁ ñeva marehi rajjaṁ vâssa[o] gaṇhitva dehīti[u] aha. Tasmiṁ kāle hatthi[p] Bodhisattaṁ soṇḍaya paramasitva ukkhipitva kumbhe ṭhapetva[q] roditva paridevitva Bodhisattaṁ otaretva devīyā hatthe nipajjāpetva[r] „Kosalarajanaṁ[r] gahessamiti[u] hatthisalato nikkhami. Ath' assa amacca vammaṁ paṭimuñcitva alaṁkaritva nagaradvaraṁ avapuritva taṁ parivaretva nikkhamiṁsu. Hatthi[p] nagara nikkhamitva koñcanadaṁ katvā mahājanaṁ santāsetva palapetva balakoṭṭakaṁ[s] bhinditva Kosalarajanaṁ cūḷāya[t] gahetva anetva Bodhisattassa padamule nipajjāpetvā[u] maraṇatthay'[v] assa[w] uṭṭhite varetva „ito paṭṭhâya appamatto hohi, 'kumaro daharo' ti saññaṁ[x] ma karîti[y]" ovaditva[z] uyyojesi. Tato paṭṭhâya sakala-Jambudīpe rajjaṁ Bodhisattassa hatthagataṁ eva jataṁ. Añño[a] paṭisattu[δ] nāma uṭṭhahituṁ samattho[*] nâhosi. Bodhisatto sattavassikakāle[b] abhisekaṁ patva Alīnacittaraja nama hutva dhammena rajjaṁ karetva jīvitapariyosâne saggapadaṁ[c] pūresi.

Sattha imaṁ atītaṁ âharitvā abhisambuddho hutva imaṁ gathadvayaṁ aha[d]:

---

[j] B kālaṅkato ti. [k] B tumbakaṁ hadayaphalitabhayena. [l] C ayaṁ. [m] Cp Cs kosaḷa-. [n] B āgantva. [o] B vā tassa. [p] so all MSS. [q] B thapetva. [r] Cp B kosalarajaṁ, Cs kosaḷarājaṁ. [s] C balaṁ koṭṭakaṁ. [t] Cp Cs culaya. [u] B nipp-. [v] Cs maraṇatthayassa, B maraṇatthaya. [x] C Cp Cs saṁñaṁ. B aña. [y] B Cp kariti. [z] B ovādītvā, Cp has corrected ovaditva to ovaditvā. [a] C Cp aṁño. [δ] B patisatthu. [*] B samatto, C adds nāma. [b] Cp Cs sattavassikale. [c] B saggapuraṁ. [d] B imaṁ gāthaṁ abhasi.

1. „Alīnacittaṁ nissāya
pahaṭṭhā mahatī camū.
Kosalaṁ senāsantuṭṭhaṁ
jīvagāhaṁ agāhayi[e].

2. Evaṁ nissayasampanno[f]
bhikkhu āraddhavīriyo
bhāvayaṁ kusalaṁ dhammaṁ
yogakkhemassa pattiyā
pāpuṇe anupubbena
sabbasaṁyojanakkhayan“ ti.

Tattha alīnacittaṁ nissāyā 'ti Alīnacittarājakumāraṁ[g] nissāya, pahaṭṭhā mahatī[h] camū ti paveṇirajjaṁ[i] no diṭṭhan ti haṭṭhatuṭṭhā hutvā mahatī[j] senā, kosalaṁ[k] senāsantuṭṭhan ti Kosalarājānaṁ[l] sena rajjena asantuṭṭhaṁ pararajjalobhena āgataṁ, jīvagāhaṁ agāhayī ti amāretvā va sā camū taṁ rājānaṁ hatthinā jīvagāhaṁ gaṇhāpesi, evaṁ nissayasampanno ti yathā[m] sā camū evaṁ añño[o] pi kulaputto nissayasampanno kalyāṇamittaṁ[p] Buddhaṁ vā Buddhasāvakaṁ vā[q] nissayaṁ labhitvā, bhikkhū 'ti parisuddhādhivacanam etaṁ, āraddhavīriyo[r] ti paggahitavīriyo[s] catudosāpagatena vīriyena samannāgato, bhāvayaṁ kusalaṁ dhamman ti kusalaṁ nirāmisam[t] sattatiṁsabodhapakkhiyasaṁkhātaṁ[u]

---

[e] C[p] C[s] agahasi. [f] nissaya-. [g] B alinacittam-. [h] B C[s] mahati, C mahatim. [i] B paveṇi-. [j] B C[p] mahati [k] C kosala. [l] B kosalam-. [m] B senam, C[p] C[s] sakena. [n] B adds ca. [o] C C[p] C[s] amño. [p] C kalyāna-. [q] B adds paccekabuddham vā. [r] B C C[p] āraddhaviriyo. [s] C[s] -viriyo. [t] B nirālayam dhammam. [u] B -saṅkhātam.

dhammaṁ bhāvento, yogakkhemassa pattiyā ti catuhi[v] yogehi khemassa nibbānassa pāpuṇanatthāya[x] taṁ dhammaṁ bhāvento, pāpuṇe[y] anupubbena sabbasaṁyojanakkhayan ti evaṁ vipassanato paṭṭhāya imaṁ kusaladhammaṁ[z] bhāvento so kalyāṇamittûpanissayasampanno bhikkhu[α] anupubbena vipassanāñāṇāni[β] ca heṭṭhimamaggaphalāni ca pāpuṇanto[a] pariyosāne dasannaṁ[b] pi saṁyojanānaṁ khayante uppannattā sabbasaṁyojanakkhayasaṁkhātaṁ[c] arahattaṁ pāpuṇāti[d], yasmā vā nibbānaṁ āgamma saṁyojanā[e] khīyanti tasmā tam pi sabbasaṁyojanakkhayam[f] eva, evaṁ anupubbena nibbānasaṁkhātaṁ[g] sabbasaṁyojanakkhayaṁ pāpuṇātîti[h] attho.

Iti Bhagavā amatamahānibbānena[i] dhammadesanāya kuṭaṁ[j] gahetvā uttariṁ pi saccāni pakāsetvā jātakaṁ samodhānesi: (Saccapariyosāne ossaṭṭhaviriyo[k] bhikkhu[m] arahatte[l] patiṭṭhahi) „Tadā mātā Mahāmāyā, pitā Suddhodanamahārājā ahosi, rajjaṁ gahetvā dinnahatthi[m] ayaṁ ossaṭṭhaviriyo[k] bhikkhu[n], hatthissa pitā Sāriputto, Alīnacittakumāro pana aham evā" 'ti.

Alīnacitta-jātakaṁ.

---

[v] all MSS. catuhi? [x] B pāpuṇattāya, C C[p] C[s] pāpuṇanatthāya. [y] C pāpune. [z] B C[p] kusalaṁ-. [α] B C bhikkhū. [β] C -ñāṇāni. [a] C pāpunanto. [b] B dasannaṁ. [c] B -khayasaṅkhātaṁ. [d] C pāpunāti. [e] B sabbasaṁyojanā. [f] C[p] C[s] sabbasaṁyoj-. [g] B -saṅkhātaṁ. [h] B pāpuṇīti, C pāpunātīti, C[p] C[s] pāpuṇātīti pi. [i] B amatanibbānena. [j] B C[s] kuṭaṁ. [k] B osaṭha-. [l] B arahatthaphale. [m] so all MSS. [n] B C bhikkhū.

II, 16, 7. GUṆA-JĀTAKA.

„Yena kāmaṁ panametīti"[α]. Idaṁ Satthā Jetavane viharanto Ānandattherassa sāṭakasahassapaṭilābhaṁ[γ] ārabbha kathesi. Therassa Kosalarañño[δ] antepure dhammavācanavatthuṁ[ε] heṭṭhā Mahāsārajātake[ζ] āgatam eva. Iti there[η] rañño[θ] antepure dhammaṁ vācente[ι] rañño[θ] sahassagghanakānaṁ[κ] sāṭakānaṁ sahassaṁ āhariyittha[λ]. Rājā tato pañca sāṭakasatāni pañcannaṁ devīsatānaṁ[μ] adāsi. Tā sabbāpi te sāṭake ṭhapetvā punadivase Ānandattherassa[ν] datvā sayaṁ purāṇasāṭake yeva pārupitvā[a] rañño[θ] pātarāsaṭṭhānaṁ agamaṁsu[b]. Rājā „mayā tumhākaṁ sahassagghanaka[c] sāṭakā dāpitā[d], kasmā tumhe te apārupitvā[e] va āgatā" ti pucchi. „Deva, te amhehi therassa dinnā" ti[f]. „Ānandattherena sabbe gahitā" ti. „Āma deva" 'ti. „Sammāsambuddhena ticīvaraṁ anuññātaṁ[g], Ānandatthero dussavaṇijjaṁ[h] maññe[i], karissatīti'[w] atibahu[j] tena sāṭakā gahitā" ti[k] therassa kujjhitvā bhuttapātarāso vihāraṁ gantvā[l] therassa pariveṇaṁ pavisitvā theraṁ vanditvā nisinno[m] pucchi: „Api[n], bhante, amhākaṁ ghare

---

[α] C panamatīti, Cᵖ Cᵏ paṇamatīti, B panametīti. [β] B imaṁ. [γ] B -sahassalābhaṁ. [δ] C -raṁño. [ε] B -vatthu. [ζ] B mahasāḷakajātake. [η] B thero. [θ] C Cᵖ Cᵏ raṁño. [ι] B vācento. [κ] C sahassagghanakānaṁ, B sahassaṭṭhikānaṁ. [λ] B āharayittha, C āhariyittha. [μ] Cᵖ Cᵏ devi-. [ν] B Cᵖ Cᵏ ānandatherassa. [a] B pārumpetvā. [b] B agamaṁsuṁ. [c] B sahassanika, C sahassagghanaka. [d] B dampitā. [e] B apārumpitvā. [f] B adds ahaṁsu āhaṁsu. [g] C Cᵖ Cᵏ anuṁññātaṁ, B anuññāta anuññāta. [h] C Cᵖ -vaṇijjaṁ, B -vaṇijjaṁ. [i] C Cᵖ Cᵏ maṁñe. [w] B karissati. [j] B atibahuṁ, Cᵖ atibahu, Cᵏ atibahu. [k] C has corrected ti to ni. [l] B gaṁtvā. [m] B adds va. [n] B adds nu.

itthiyo tumhākaṁ santike dhammaṁ uggaṇhanti vā suṇanti[o] vā" ti. „Āma, mahārāja, gahetabbayuttakaṁ gaṇhanti sotabbayuttakaṁ suṇantīti". „Kiṁ tā suṇanti[o] yeva udāhu tumhākaṁ nivāsanaṁ vā pārupanaṁ[p] vā dadantīti[q]. „Ajja[r], mahārāja[s], sahassagghaṇakāni[t] pañca sāṭakasatāni adaṁsū" 'ti. „Tumhehi gahitāni tāni[u], bhante" ti. „Āma, mahārājā" 'ti. „Nanu, bhante, Satthārā ticīvaram eva anuññātan[v]" ti. „Āma, mahārāja, Bhagavatā[w] ekassa bhikkhuno ticīvaram eva paribhogasīsena anuññātaṁ[x], paṭiggahaṇaṁ[y] pana avāritaṁ, tasmā mayâpi aññesaṁ[z] jiṇṇacīvarakānaṁ[ʒ] dātuṁ te sāṭaka pariggahitā[a]" ti. „Te pana bhikkhū[b] tumhākaṁ santikā sāṭake labhitvā purāṇacīvarāni[c] kiṁ karissantīti". „Porāṇakacīvaraṁ[d] uttarāsaṁgaṁ[e] karissantīti". „Porāṇakauttarāsaṁgaṁ[f] kiṁ karissantīti." „Antaravāsakaṁ karissantīti". „Porāṇakaantaravāsakaṁ kiṁ karissantīti". „Paccattharaṇam karissantīti[g]". „Porāṇakapaccattharaṇaṁ[h] kiṁ karissantīti." „Bhummattharaṇaṁ karissantīti[g]". „Porāṇakabhummattharaṇaṁ[i] kiṁ karissantīti". „Pādapuñchanaṁ[j] karissantīti[g]". „Po-

---

[o] C sunanti. [p] C nivāsanapārupanaṁ, B pārumpanaṁ. [q] B dentīti. [r] B omits ajja. [s] B adds tā. [t] C Cp Cs -gghanakāni, B -gghanikā. [u] B omits tani. [v] Cp Cs anumññātan. [w] B bhagavato. [x] Cp Cs anumññātaṁ. [y] B paṭiggahaṇaṁ, Cp Cs paṭiggahanam. [z] C aṁññesaṁ, Cp Cs aṁñesaṁ. [ʒ] B jinna-, C jinnacīvarakāṇaṁ. [a] B paṭiggahitā, Cp Cs pariggahitā. [b] all the MSS. bhikkhu. [c] B porāṇa-, C purāna-. [d] B porāṇasaṁghāṭi, C porānakacīvaraṁ. [e] B -saṅgaṁ. [f] C porānaka-, B porāṇauttarasaṅgaṁ. [g] all the MSS. karissanti. [h] B porāṇapaccattaraṇaṁ-. [i] B porāṇabh-, C porānakabh-. [j] B puñcanaṁ, Cp Cs -puñjanaṁ? C has corrected -puñcanaṁ to puñchanaṁ.

raṇakapadapuñchanaṁ kiṁ karissantīti[k]". „Mahārāja, saddhādeyyaṁ nāma[l] vinipātetuṁ na labhati, tasmā porāṇakapadapuñchanaṁ[m] vāsiyā[n] koṭṭetvā mattikāya pakkhipitvā[o] senāsanesu mattikālepaṁ[p] dassentīti[q]". „Bhante, tumhākaṁ dinnaṁ yāva pādapuñchanāpi[r] nassituṁ na labhatīti". „Āma, mahārāja, amhākaṁ dinnaṁ nassituṁ na labhati[s] paribhogam eva hotīti." Rājā tuṭṭho somanassappatto hutvā itarāni pi gehe[t] ṭhapitāni pañca sāṭakasatāni āharāpetvā therassa datvā anumodanaṁ sutvā theraṁ vanditvā padakkhiṇaṁ katvā pakkāmi[u]. Thero paṭhamaladdhāni pañca sāṭakasatāni jiṇṇacīvarakānaṁ[v] adāsi. Therassa pana pañcamattāni saddhivihārikasatāni. Tesu eko daharabhikkhu therassa bahūpakāro[x] pariveṇaṁ sammajjati[y] pānīyaparibhojanīyaṁ[z] upaṭṭhapeti[α] dantakaṭṭhamukhodakaṁ[β] deti[a] vaccakuṭijantāgharasenāsanāni[b] paṭijaggati hatthaparikammapādaparikammapiṭṭhiparikammādīni karoti. Thero pacchāladdhāni pañca sāṭakasatāni „ayaṁ me[c] bahūpakāro[d]"ti yuttavasena sabbāni[e] tass' eva adāsi. So pi sabbe te sāṭake bhājetvā attano samānupajjhāyanaṁ[f] adāsi. Evaṁ sabbe pi te laddhasāṭakā bhikkhū[g] sāṭake chinditvā rañjitvā[h] kaṇi-

---

[k] B omits porāṇaka - - - karissantīti. [l] B omits nāma. [m] B -puñcanaṁ, C[p] C[s] -puñjanaṁ? C has corrected -puñcanaṁ to -puñchanaṁ. [n] B vāsiyāyo. [o] B pakkhipitva. [p] B -lepanaṁ. [q] B karissanti. [r] B yāva puñcanaṁ, C[p] -puñjanāpi, C yāva pādapuñcanāni pi corrected to -puñchanāni pi. [s] B labhatīti. [t] B geha. [u] B C C[s] pakkhāmi. [v] C jinna-, B adds bhikkhūnaṁ. [x] B C[p] C[s] bahupakāro. [y] B samajjati. [z] B pāṇiyaparibhojana. [α] B upaṭhapesi. [β] B nhānhodakaṁ. [a] C omits deti. [b] B -senāsanaṁ. [c] B ayameva, C ayameva corrected to ayame. [d] B bahuṁpakāro, C[p] C[s] bahupakāro. [e] B sappāni pi. [f] so all the MSS. [g] all the MSS. bhikkhu. [h] B C[p] C[s] rajitvā.

kārapupphavaṇṇāni kāsāyāni nivāsetvā ca pārupitvā ca[i] Satthāraṁ upasaṁkamitvā[j] vanditvā ekamantaṁ nisīditvā evam āhaṁsu[k]: „Bhante, sotāpannassa ariyasāvakassa mukholokanadānan[l] nāma atthīti.“ „Na, bhikkhave, ariyasāvakānaṁ mukholokanadānan nama atthīti.“ „Bhante, amhākaṁ[m] upajjhāyena dhammabhaṇḍāgārikattherena sahassagghaṇakānaṁ[n] sāṭakānaṁ[o] pañca satāni ekass' eva daharabhikkhuno dinnāni, so pana attana laddhe bhājetvā amhākaṁ adāsīti[p]“. „Na, bhikkhave, Ānando mukholokanabhikkhaṁ deti[q], so pan' assa bhikkhu[r] bahūpakāro[s], tasma attano upakārassa upakāravasena guṇavasena yuttavasena[t] 'upakārassa nāma paccupakāro[u] kātuṁ vaṭṭatīti' kataññūkataveditbhavena[x] adāsi, porāṇakapaṇḍitâpi hi attano upakārakānaṁ[y] yeva[z] paccupakaraṁ kariṁsū[α]“ 'ti vatvā tehi yācito atītaṁ āhari:

Atīte[β] Bārāṇasiyaṁ Brahmadatte rajjaṁ karente Bodhisatto sīho hutvā pabbataguhāyaṁ vasati. So ekadivasaṁ guhāya[a] nikkhamitvā[b] pabbatapādaṁ olokesi. Taṁ pana pabbatapādaṁ parikkhipitvā[c] mahāsaro ahosi. Tassa ekasmiṁ unnataṭṭhāne upari thaddhakaddamapiṭṭhe[d] mudūni[e] haritatiṇāni jāyiṁsu[f], sasakā c'eva hariṇādayo ca[g] sallahuka-

---

[i] B nivāsetvā pārumpitvā va. [j] B upasaṅkamitvā. [k] B ahaṁsuṁ. [l] B -dānaṁ. [m] B omits amhākaṁ. [n] B -gghanikāni. [o] B sāṭakāni. [p] B adāsi. [q] B mukholokano bhikkhu na deti. [r] C bhikkhū. [s] B C[p] C[s] bahu-. [t] B upakāravasena ca yuttavasena ca. [u] so all the MSS. [x] C[p] katañu-, C[s] kataṁñu-. [y] C upakārāṇaṁ, B upakārakānañ. [z] B ñeva. [α] B karisu, C[p] C[s] kariṁsu. [β] B adds bhikkhave. [a] B kuharaṁ. [b] B adds pappatamuddhani ṭhatvā. [c] B paṭikkipitvā. [d] B -kaddhimapiṭhe. [e] B C[s] muduṁ, C mudūni. [f] B jāhisu, C jāyisu. [g] B sasakādayo ceva bilārasigālādayo ca.

migā[h] kaddamamatthake vicaranti tāni khādanti. Taṁ divasam[i] pi eko migo tāni tiṇāni[j] khādanto vicarati. Sīho pi 'taṁ migaṁ gaṇhissāmīti' pabbatamatthakā uppatitvā sīhavegena pakkhandi[k]. Migo maraṇabhayatajjito viravanto palāyi. Sīho vegaṁ sandhāretuṁ asakkonto kalalapiṭṭhe nipatitvā osīditvā uggantuṁ[l] asakkonto cattāro pāde thambhe viya otāretvā sattāhaṁ nirāhāro aṭṭhāsi. Atha eko[m] sigālo[n] gocarapasuto taṁ disvā bhayena palāyi. Sīho taṁ pakkositvā „bho sigāla[o], mā palāyi, ahaṁ kalale laggo, jīvitaṁ me dehīti“ āha. Sigālo[n] tassa santikaṁ gantvā[p] „ahaṁ taṁ uddhareyyaṁ, 'uddhaṭo[q] pana maṁ khādeyyāsīti' bhāyāmīti.“ „Mā[r] bhāyi, nāhan taṁ khādissāmi[s], mahantaṁ pana te[t] guṇaṁ karissāmi[u], eken' upāyena maṁ uddharāhīti.“ Sigālo[n] paṭiññaṁ[v] gahetvā[w] catunnaṁ[x] pādānaṁ samantā kalalaṁ apanetvā catunnam[y] pi pādānaṁ catasso mātikā[z] khaṇitvā udakābhimukhaṁ akāsi, udakaṁ pavisitvā kalalaṁ muduṁ akāsi. Tasmiṁ khaṇe sigālo[ß] sīhassa udarantaraṁ pavisitvā „vāyāmaṁ karohi, sāmīti“[a] uccāsaddaṁ karonto sīsena udaraṁ pahari. Sīho vegaṁ janetvā kalalā uggantvā[b] pakkhanditvā thale aṭṭhāsi. So muhuttaṁ vissamitvā saraṁ oruyha kaddamaṁ dhovitvā nahāyitvā[c] atha ekaṁ[d] mahisaṁ vadhitvā dāṭhāhi[e] ovijjhitvā[f] maṁsaṁ ubbattetvā „khāda sammā“ 'ti[g] sigālassa[h] purato

---

[h] B adds ca. [i] B Cp Cs divasaṁ. [j] B omits tiṇani, Cs tinani. [k] C pakkhanditva. [l] B upagantuṁ. [m] B atheko. [n] B siṅgālo. [o] B siṅgala. [p] B gaṁtvā. [q] B uddhato. [r] B omits bhāyāmiti mā. [s] B takhādissāmiti. [t] B te pana. [u] B karissāmiti. [v] C Cp Cs paṭimñaṁ. [w] C adds ca. [x] B adds pi. [y] B catunnaṁ. [z] B mātikāyo. [ß] B siṅgāleva. [a] B asāmiti. [b] B uggaṁtvā. [c] B nhāyitvā darathaṁ paṭipassambhetvā. [d] B athekaṁ. [e] B aṭhāsi. [f] B ovajhitvā. [g] B ada sampā ti. [h] B siṅgālassa.

ṭhapetvā tena khādite pacchā attanā khādi. Puna sigālo[i] ekaṁ maṁsapesiṁ ḍasitvā gaṇhi „idaṁ kimatthāya[j], sammā“ 'ti ca[k] vutte „tumhākaṁ dāsī[l] atthi, tassā[m] bhavissatīti“ āha. Sīho „gaṇhāhīti[n]“ vatvā sayam[o] pi sīhiyā atthāya[p] maṁsaṁ gaṇhitvā „ehi, samma, amhākaṁ pabbatamuddhani ṭhatvā[q] sakhiyā vasanaṭṭhānaṁ gamissāmā“ 'ti vatvā tattha gantvā[r] maṁsaṁ khādāpetvā sigālañ ca sigāliñ ca[s] assāsetvā[t] tato paṭṭhāya „dāni[u] ahaṁ tumhe paṭijaggissāmīti“[v] attano vasanaṭṭhānaṁ netvā guhādvāre[w] aññissā guhāya vasāpesi[x]. Tato[y] paṭṭhāya gocarāya gacchanto sīhiñ ca sigāliñ ca[z] ṭhapetvā sigālena[a] saddhiṁ gantvā[q] nānāmige vadhitvā ubho pi tatth' eva maṁsaṁ khāditvā itarāsam[b] pi[a] dvinnaṁ āharitvā denti. Evaṁ kāle gacchante sīhī[b] pi dve putte vijāyi sigālī[c] pi[d]. Te sabbe pi samaggavāsaṁ vasiṁsu. Ath' ekadivasaṁ sīhiyā[e] etad ahosi: „ayaṁ sīho sigālañ ca sigāliñ ca sigālapotake[f] ca ativiya piyāyati[g], nūnam assa sigāliyā saddhiṁ santhavo[h] atthi, tasmā evaṁ sinehaṁ karoti, yan nūnâhaṁ[i] imaṁ piḷetvā tajjetvā ito palāpeyyan“ ti sā sīhassa sigālaṁ[j] gahetvā[k] gocarāya gata-

[i] B siṅgālo. [j] B kiṁ mattāya. [k] B omits ca. [l] B C[p] C[s] dasi. [m] B tayavabhāvaṁ. [n] C C[p] C[s] gaṇhāsiti, B gaṇhābiti. [o]-[o] B sayaṁ. [p] C sihiyātthāya, B sihiyā attāya. [q] B pappamuddhani gantvā, C C[p] C[s] pabbatamuddhane ṭhatvā. [r] B gaṁtvā. [s] B siṅgalañ ca siṅgāliñ ca. [t] B asosetvā, C assetvā. [u] B ito paṭhāya idāni. [v] B adds vatvā. [w] B guhāya dvāre. [x] B vassapeti. [y] B so tato. [z] B siṅgālañ ca, [a] B siṅgālena. [b] B itarāsaṁ. [a] B omits pi. [b] B C sihī. [c] B siṅgālī. [d] B adds dve putte vijāyi. [e] B sihissa. [f] B siṅgaleñ ca siṅgālī ca siṅgāla-. [g] B piyāyati, C piyāyati. [h] B kiṁ nunimassa siṅgālassa siṅgāliyā saddhi saṇhavo, C C[p] C[s] nunam, C[p] santavo. [i] B yaṁ nunā. [j] B siṅgālaṁ. [k] B omits gahetvā.

kāle sigālim[l] piḷesi tajjesi: „kiṁkāraṇā imasmiṁ ṭhāne vasasi na palayasīti[m]“. Puttāpi 'ssā[n] sigāliputte[o] taṁ' eva tajjayiṁsu[p]. Sigāli[q] taṁ atthaṁ sigālassa[r] kathetvā „sīhassa vacanena etāya evaṁ katabhāvaṁ[s] pana[t] jānāma, ciraṁ vasimha, nāsāpeyyāpi no[u], amhākaṁ vasanaṭṭhānaṁ eva gacchāmā“ 'ti āha. Sigālo tassā[v] vacanaṁ sutvā sīhaṁ upasaṁkamitvā[w] āha: „Sāmi, ciraṁ amhehi tumhākaṁ santike vutthaṁ[y], aticiraṁ vasantā nāma appiyā honti, amhākaṁ gocarāya pakkantakāle sīhi[z] sigālim[a] viheṭheti 'imasmiṁ ṭhāne kasmā vasatha palāyathā' 'ti tajjeti[a], sīhapotakāpi sigālapotake[a] tajjenti, yo nāma yassa attano santike vāsaṁ na roceti[b] tena 'yāhīti' nīharitabbo va[c], evaṁ[d] viheṭhanaṁ kimatthiyan“ ti vatvā paṭhamaṁ gāthaṁ āha:

1. „Yenakāmaṁ paṇameti[e],
dhammo balavataṁ[f], migī[d]
unnadanti, vijānahi[g],
jātaṁ saraṇato bhayan“ ti.

Tattha yenakāmaṁ paṇāmeti[h] dhammo balavatan[i] ti balavā nāma issaro attano sevakaṁ yena disabhāgena icchati tena disabhāgena so paṇāmeti[j] nīharati, esa dhammo

---

[l] B siṅgāli. [m] B palayasīti, C C^p C^s palāyasi. [n] B omits pissā. [o] C sigāli-, B siṅgala-, [p] B tajjiyiyiṁsu. [q] C sigāli, B siṅgāli, [r] B tamatthaṁ siṅgālassa. [s] B -bhāvaṁ. [t] B pina. [u] B nāpāpeyyāsi no. [v] B C^p tassa. [w] B upasaṅkamitvā. [y] B vuttaṁ. [z] B C sihi. [a] B siṅgāli. [a] B tajjesi. [a] B siṅgālapotake pi. [b] B na rocasi, C nakaroceti. [c] C omits va. [d] B omits evaṁ. [e] C paṇāmati, C^p C^s panamati. [f] B balavaṁtaṁ. [d] so all the MSS. [g] B vijānāti. [h] C panāmati, C^p C^s paṇamati. [i] B palavatan. [j] B C^p C^s panāmeti.

balavataṁ[k], ayaṁ[l] issarānaṁ[m] sabhāvo paveṇidhammo[n] va, tasmā sace ambhākaṁ vāsaṁ na rocetha ujukam eva no niharatha, viheṭhanena ko attho ti dīpento evam āha[o], migīti[p] sīhaṁ[q] ālapati, so hi migarājatāya[r] migā assa atthīti migī[s], unnadantīti pi[t] tam eva ālapati, so hi unnatānaṁ[u] dantānaṁ atthitāya unnatā[v] dantā assa atthīti unnadanti[x], unnatadantīti[y] pi pāṭho yeva, vijānāhīti esa issarānaṁ[z] dhammo ti evaṁ jānāhi, jātaṁ saraṇato bhayan ti ambhākaṁ tumhe patiṭṭhaṭṭhena[α] saraṇaṁ, tumhākaṁ yeva[β] santikā bhayaṁ jātaṁ, tasmā attano vasanaṭṭhānam eva gamissāmā 'ti dīpeti; aparo nayo: tava[a] migī sīhī[b] unnadanti[c] mama puttadāraṁ tajjeti[d] yena kamaṁ paṇāmetīti[e] yena yenākārena[f] icchati tena paṇāmeti[g] pavatteti[h] viheṭheti[i], evaṁ tvaṁ vijānāhi, tatra kiṁ sakkā ambhehi kātuṁ, dhammo balavataṁ esa, balavantānaṁ sabhāvo, idāni mayaṁ gamissāmā 'ti yasmā jātaṁ saraṇato bhayan ti. Tassa vacanaṁ sutvā sīho sīhiṁ āha: „bhadde, asukasmiṁ nāma kāle mama gocaratthāya gantvā[j] sattame divase sigālena ca[k] imāya ca sigāliyā[l] saddhiṁ āgatabhāvaṁ sarasīti". „Āma sarāmīti". „Jānāsi pana mayhaṁ sattāhaṁ

---

[k] B palavataṁ. [l] C omits ayaṁ. [m] C[p] C[s] issarāṇaṁ. [n] C[p] C[s] paveṇi-. [o] B ahameva. [p] B gibiti. [q] C sihim. [r] B pigarājātaya. [s] C C[s] migi. [t] C omits pi, B unnadanti siham eva ālapati. [u] C[p] C[s] uṇṇatānaṁ. [v] C[p] C[s] uṇṇatā, B unna. [x] B unnadatha, C unnadanti, C[p] C[s] uṇṇadanti. [y] C[p] C[s] uṇṇādantīti, B danti. [z] C[p] C[s] issarāṇaṁ. [α] B patiṭṭhāṭhena. [β] B tumhākaṁ ñeva. [a] B tāva. [b] B C sihi. [c] C C[p] B unnadanti. [d] C C[p] C[s] tajjenti. [e] C panāmati, C[p] C[s] paṇamati. [f] B yena kāraṇena, C[p] C[s] yenākāreṇa. [g] C panāmati, C[p] C[s] paṇamati. [h] C C[p] C[s] pavattati. [i] B adds pakāpeti pi. [j] B gamitvā. [k] B iminā ca siṅgālena. [l] B siṅgāliyā.

anāgamanassa kāraṇan" ti. „Na jānāmi, sāmīti." „Bhadde, ahaṁ 'ekaṁ migaṁ gaṇhissāmīti' virajjhitvā kalale laggo tato nikkhamituṁ asakkonto sattāham nirāhāro aṭṭhāsiṁ, sv-āhaṁ imaṁ sigālaṁ[m] nissāya jīvitaṁ labhiṁ, ayaṁ me jīvitadāyako, sahāyo mittadhamme ṭhātuṁ samattho hi mitto dubbalo nāma n'atthi, ito paṭṭhāya mayhaṁ sahāyassa ca sahāyikāya ca puttakānañ ca evarūpaṁ avamānaṁ mā akāsīti" vatvā sīho dutiyaṁ gātham āha:

2. „Api ce pi[n] dubbalo mitto
mittadhammesu tiṭṭhati
so ñātako ca bandhu ca
so mitto so ca me sakhā;
dāṭhini[o], mātimaññittho[p],
sigālo mama pāṇado[q]" ti.

Tattha api ce piti eko pi-saddo[r] anuggahattho[s] eko sambhāvanattho[t], tatrāyaṁ yojanā: dubbalo ce pi mitto mittadhammesu api tiṭṭhati[u] sace ṭhātuṁ sakkoti[v] so ñātako ca bandhu ca so[x] mittacittatāya[y] mitto[z] so ca me sahāyatthena[a] sakhā, dāṭhinī[b] mātimaññittho[c] bhadde dāṭhāsampanne[b] sīhi[c] mā mayhaṁ sahāyaṁ vā sahāyiṁ vā atimaññi[d] ayaṁ[e] hi

---

[m] B siṅgālaṁ. [n] B omits pi. [o] B dāniṭṭhi, C dāṭhini. [p] B mātimaññivo, C matimaṁññittho, C[a] matimaṁññittho, C[p] mātimaṁñitto. [q] C pānado. [r] B eko apisaddo. [s] B anuggahaṭho. [t] B sambhāvanatto. [u] B adds vo. [v] C asakkoti. [x] B omits so. [y] C mittamittatāya, B mittacittatāyaṁ. [z] C[p] mittho. [a] B sahāyaṭhena, C[p] C[a] sahāyaṭṭhena. [b] B ddāṭhiti, C[a] dāṭhini, C[p] dāṭhini. [c] B māthimaññivhoti, C mātimaṁññittho. [b] C C[p] dāṭhasampanne, C[a] dāṭhasampanne altered into sampannena, B dāṭhasampanna. [c] C[p] C[a] sīhi. [d] C C[p] atimaṁñi, C[a] atimaṁñi, B atimaññivo. [e] B ayañ.

sigālo[f] mama paṇado[g] ti. Sā sīhassa vacanaṁ sutvā sigāliṁ[h] khamāpetvā tato paṭṭhāya saputtāya tāya[i] saddhiṁ samaggavāsaṁ vasi[j], sīhapotakāpi sigālapotakehi[k] saddhiṁ kīḷamānā[l] mātāpitunnaṁ atikkantakāle pi mittabhāvaṁ abhinditvā sammodamānāpi vasiṁsu. Tesaṁ kira sattakulaparivaṭṭe[m] abhijjamānā[n] metti[o] agamāsi[p].

Satthā imaṁ dhammadesanaṁ āharitvā saccāni pakāsetvā jātakaṁ samodhānesi: (Saccapariyosāne keci sotāpannā, keci sakadāgāmino, keci anāgāmino, keci arahantā ahesuṁ.) „Tadā sigālo[q] Ānando ahosi, sīho pana aham evā 'ti. Guṇa-jātakaṁ[r].

II, 16, 8. SUHANU-JĀTAKA.

„Na-y-idaṁ[s] visamasīlenā" 'ti. Idaṁ Satthā Jetavane viharanto dve caṇḍabhikkhū[t] ārabbha kathesi. Tasmiṁ hi samaye Jetavane pi eko bhikkhu caṇḍo ahosi pharuso sāhasiko, janapade[u] pi. Ath' ekadivasaṁ jānapado[v] bhikkhu kenacid eva karaṇīyena Jetavanaṁ agamāsi[x]. Sāmaṇerā c'eva daharabhikkhū ca tassa[y] caṇḍabhāvaṁ jānanti, taṁ[z] „dvinnaṁ caṇḍānaṁ kalahaṁ passissāmā" 'ti kutūhalā[a] taṁ

---

[f] B siṅgālo. [g] C^p C^s pānado. [h] C C^p C^s sigālaṁ, B sigāli. [i] B saputtadārāya. [j] B vasiṁsu. [k] B siṅgāla-. [l] C kīḷamānā, B C^p C^s kīḷamāno sammodamānā. [m] B sattakālaparivatto. [n] B abhijjamāno. [o] C mettiṁ, C^p C^s metti, B mitti. [p] B āgamāsi. [q] B siṅgālo. [r] B sīhajātakaṁ sattamaṁ. [s] B dutiyaṁ. [t] B caṇḍe-. [u] C jaṇapade. [v] B janapado. [x] B āgamāsi. [y] C tasso. [z] B tesaṁ. [a] B kutūhalena.

bhikkhuṁ Jetavana-vāsikassa pariveṇaṁ[a] pahiṇiṁsu[b]. Ubho[c] caṇḍā aññamaññaṁ[b] disvā va saṁsandiṁsu samesuṁ[e] hatthapādapiṭṭhisambāhanādīni akaṁsu. Dhammasabhāyaṁ bhikkhū kathaṁ samuṭṭhāpesuṁ: „Āvuso, caṇḍā bhikkhū aññesaṁ[d] upari caṇḍā pharusā sāhasikā, aññamaññaṁ[b] pana ubho pi[e] samaggā sammodamānā piyasaṁvāsā jātā" ti. Satthā āgantvā[f] „kāya nu 'ttha, bhikkhave, etarahi kathāya sannisinnā" ti pucchitvā „imāya nāmā" 'ti vutte „na, bhikkhave, idān' eva, pubbe p' ete aññesaṁ[d] caṇḍā pharusā sāhasikā aññamaññaṁ[b] pana samaggā sammodamānā piyasaṁvāsā va[g] ahesuṁ" ti vatvā atītaṁ āhari:

Atīte Bārāṇasiyaṁ Brahmadatte rajjaṁ kārente Bodhisatto tassa sabbatthako[h] atthadhammānusāsakaamacco[i] ahosi. So pana rājā thokaṁ dhanalobhapakatiko. Tassa Mahāsoṇo[j] nāma kūṭasso[k] atthi. Atha[l] uttarāpathakā assavāṇijā[m] pañca assasatāni ānesuṁ. Assānaṁ āgatabhāvaṁ rañño[n] ārocesuṁ. Tato pubbe pana Bodhisatto asse agghāpetvā mūlaṁ aparihāpetvā dāpesi. Rājā taṁ asukhāyamāno[o] aññaṁ[p] amaccaṁ pakkositvā[q] „tāta, asse agghāpehi agghāpetvā[r] ca paṭhamaṁ Mahāsoṇaṁ[s] yathā tesaṁ assānaṁ antaraṁ pavisati tathā vissajjetvā asse ḍaṁsāpetvā[t] vaṇite[u] kārāpetvā dubbala-

[a] C parivenaṁ. [b] B bahiṇisu, Cp Ck pahiṇiṁsu. [c] B te ubho pi. [b] C Cp Ck aṁñamaṁñaṁ. [e] B yasaṁvāsaṁvasiṁsumodiṁsu. [d] C Cp Ck aṁñesaṁ. [e] B adds te. [f] B āgaṁtvā. [g] C omits va, B ca. [h] B pappatassādhako. [i] B -sāsako amacco. [j] C Cp Ck mahāsono. [k] B Cp kuṭa-. [l] B adds dve. [m] Cp Ck -vāṇijā. [n] C raṁño. [o] B parihāyamāno. [p] C Cp Ck aṁñaṁ, B aññamaññaṁ. [q] B pakkosāpetvā. [r] B agghāpento. [s] B mahāseṇaṁ, C Cp Ck mahāsonaṁ. [t] B ḍaṁsāpetvā. [u] B vaṇite, Cp Ck vanite.

kāle[u] mūlaṁ hāpetvā[v] agghāpeyyāsīti[w]" āha. So „sādhū" ti sampaṭicchitvā tathā akāsi. Assavāṇijā anattamanā[x] hutvā tena katakiriyaṁ Bodhisattassa ārocesuṁ. Bodhisatto „kiṁ pana tumhākaṁ nagare kūṭasso[y] n'atthīti[z]" pucchi. „Atthi, sāmi, Suhanu[a] nāma kūṭasso[b] caṇḍo pharuso" ti[c]. „Tena hi puna[d] āgacchantā naṁ[e] assaṁ āneyyāthā" ti. Te „sādhū" ti paṭisuṇitvā[f] puna āgacchantā taṁ[g] kūṭassaṁ[h] gāhāpetvā āgacchiṁsu[i]. Rājā „assavāṇijā[j] āgatā" ti sutvā sīhapañjaraṁ ugghāṭetvā[k] asse oloketvā Mahāsoṇaṁ[l] vissajjāpesi. Assavāṇijāpi[m] Mahāsoṇaṁ[n] āgacchantaṁ disvā Suhanuṁ vissajjesuṁ[o]. Te aññamaññaṁ[p] patvā sarīrāni[q] lehentā[r] aṭṭhaṁsu. Rājā Bodhisattaṁ pucchi: „Vayassa, ime dve kūṭassā[s] aññesaṁ[t] caṇḍā pharusā sāhasikā aññe[u] asse ḍasitvā[v] gelaññaṁ[w] pāpenti, aññamaññaṁ[x] pana sarīraṁ[x] lehentā[y] sammodamānā aṭṭhaṁsu, kiṁ nām' etan" ti. Bodhisatto „na-y-ime, mahārāja, visamasīlā, samasīlā samadhātukā[z] ete" ti vatvā imaṁ gāthādvayaṁ āha:

---

[u] B adds mūle. [v] B adds asse. [w] B agghāpessasīti. [x] C anantamanā. [y] B kuṭaasso, C[p] kuṭasso. [z] B atthi. [a] B suhaṇu. [b] B kuṭaasso, C C[p] kuṭasso. [c] C omits ti. [d] B omits puna. [e] B taṁ. [f] C paṭisuṇitvā. [g] C[p] C[s] naṁ, B ta. [h] B kuṭaassaṁ. [i] B āgacchisu. [j] C[p] C[s] assavāṇija. [k] B sihapañcaraṁ ugghāpetvā. [l] C mahāsonaṁ. [m] C[p] C[s] assavāṇijāpi. [n] C[p] C[s] mahāsonaṁ. [o] C vissajjāpesuṁ. [p] C C[p] C[s] aṁñamaṁñaṁ. [q] C sarīrāni. [r] B lepanto samodamānā. [s] B kuṭaassata. [t] C C[p] C[s] aṁñesaṁ. [u] C aṁñe, B omits aññe. [v] B daṁsetvā. [w] C C[p] C[s] gelaṁñaṁ. [x] B idāni pana aññamaññaṁ sarīraṁ. [y] B C lehantā. [z] B visamasīlā visamadhātukā, C visamasīlā samadhātukā.

1. „Na-y-idaṁ visamasīlena
Soṇena Suhanussaha[z],
Suhanu pi[a] tādiso yeva
yo Soṇassa sagocaro[b].

2. Pakkhandinā pagabbhena
niccaṁ[c] sandānakhādinā
sameti pāpaṁ pāpena
sameti asatā asan[d]" ti.

Tattha nayidaṁ visamasīlena Soṇena Suhanussabā[e] ti yaṁ idaṁ Suhanu[f] kūṭasso[g] Soṇena[h] saddhiṁ pemaṁ karoti idaṁ na attano visamasīlena, atha kho attano samasīlen' eva[i] saddhiṁ karoti, ubho pi h' ete attano anācāratāya dussīlatāya samasīlā samadhātukā, Suhanu pi[j] tādiso yeva yo Soṇassa sagocaro ti yādiso hi Soṇo Suhanu[k] pi tādiso yeva, yo Soṇassa[l] sagocaro[m], yaṁgocaro Soṇo[n] taṁgocaro yeva, yath' eva hi Soṇo assagocaro asse ḍasanto[o] carati tathā Suhanu pi, iminā nesaṁ samānagocaratāṁ dasseti; te pana ācāragocare[p] ekato katvā dassetuṁ pakkhandinā ti ādi vuttaṁ, tattha pakkhandinā ti assānaṁ upari pakkhandanagocarena[r], pagabbhenā[s] ti kāyapāgabbhiyādisamannāgatena dussīlena, niccaṁ[t] sandānakhādinā ti sadā[u] attano bandhanayottaṁ khādanasīlena khādanagocarena[v] ca,

---

[z] B suhaṇu saba. [a] B suhaṇu pi, C suhanū pi. [b] B yo sobhaṇassa gocaro. [c] B nicca. [d] B asabbhan. [e] B subaṇu sabā. [f] B subaṇu. [g] B kuṭasso. [h] C sonena. [i] C Cˢ visamasīleneva, Cᵖ has corrected visama- to sama-. [j] B subaṇu pi. [k] B subaṇu. [l] C sonassa. [m] B adds ti. [n] C sono. [o] B ḍaṁsento. [p] B anācāragocare. [q] Cᵖ Cˢ pakkhandhana-. [r] Cᵖ -gocareṇa. [s] C pāgabbhena. [t] C nicca. [u] B tadā. [v] C Cᵖ Cˢ -gocareṇa.

sameti pāpaṁ pāpena ti etesu aññatarena[x] pāpena saddhiṁ aññatarassa[y] pāpaṁ dussīliyaṁ sameti, asatā asan ti etesu aññatarena[z] asatā anacāragocarasampannena saha[l] itarassa asaṁ[m] asadhukammaṁ sameti gūthādīni viya[n] gūthādīhi ekato saṁsandati[o] sadisaṁ nibbisesam eva hotīti. Evaṁ vatvā ca pana Bodhisatto „mahārāja, rañña[a] nama na atiluddhena bhavitabban' ti parassa santakaṁ[b] nāma nasetuṁ na vaṭṭatīti[c]" rajānaṁ ovaditvā[d] asse agghāpetvā bhūtam eva mūle[e] dāpesi. Assavāṇijā[f] yathāsabbhāvam eva mūlaṁ labhitvā haṭṭhatuṭṭhā agamaṁsu[g]. Rājāpi Bodhisattassa ovāde ṭhatvā yathākammaṁ gato.

Satthā imaṁ dhammadesanaṁ āharitvā jātakaṁ samodhānesi: „Tadā dve assā ime duṭṭhabhikkhū ahesuṁ, rājā Ānando, paṇḍitāmacco[h] pana aham evā" 'ti. Suhanu-jātakaṁ[i].

II, 16, 9. MORA-JĀTAKA.

„Udet' ayaṁ cakkhumā" ti. Idaṁ Satthā Jetavane viharanto ekaṁ ukkaṇṭhitabhikkhuṁ[j] ārabbha kathesi.

---

[x] C Cp Cs -aṁñatarena. [y] C Cp Cs aṁñatarassa. [l] Cs saha. [m] C Cp Cs ayaṁ. [n] C omits gūthādīni viya, Cp has added gūthādīni viya. [o] B ekako sandati. [a] Cp Cs raṁñā, C raṁñña. [b] C santikaṁ. [c] D vattati. [d] B ovaditvā, Cp has corrected ovāditvā to ovaditvā. [e] B bhūtamūlaṁ. [f] Cp Cs assavāṇija. [g] B āgamiṁsu. [h] B paṇḍitaamacco. [i] B suhanujātakaṁ aṭṭhamaṁ. [j] B ukkaṇṭhitaṁ.

So[k] bhikkhu bhikkhūhi[l] Satthu santikaṁ nīto[m] „saccaṁ kira tvaṁ, bhikkhu, ukkaṇṭhito“ ti vutte „saccaṁ[n], bhante“ ti vatvā „kiṁ disvā“ ti vutte „ekaṁ alaṁkatapaṭiyattasarīraṁ[o] mātugāmaṁ oloketvā“ ti āha[p]. Atha naṁ Satthā „bhikkhu, mātugāmo[q] nāma tumhādisānaṁ yeva kasmā[r] cittaṁ nāluḷessanti[s], porāṇakapaṇḍitānam[t] pi hi mātugamassa saddaṁ sutvā satta vassasatāni asamudāciṇṇakilesā okāsaṁ labhitvā khaṇen' eva samudācariṁsu, visuddhāpi sattā saṁkilissanti, uttamayasasamaṅgino[u] pi āyasakyaṁ[v] pāpuṇanti pag eva aparisuddhā“ ti vatvā atītaṁ āhari:

Atīte Bārāṇasiyaṁ Brahmadatte rajjaṁ kārente Bodhisatto morayoniyaṁ paṭisandhiṁ gaṇhitvā aṇḍakale pi kaṇikāramakulavaṇṇaaṇḍakoso[x] hutvā aṇḍaṁ bhinditvā nikkhanto suvaṇṇavaṇṇo ahosi dassanīyo pāsādiko pakkhānaṁ antare surattarājivirājito[y]. So attano jīvitaṁ rakkhanto tisso pabbatarājiyo atikkamma catutthāya pabbatarājiyā ekasmiṁ Daṇḍakahirañña-pabbatatale[z] vāsaṁ kappesi. So pabhātāya rattiyā pabbatamatthake nisinno suriyaṁ[a] uggacchantaṁ oloketvā attano gocarabhūmiyaṁ rakkhāvaraṇatthāya[b] Brahmamantaṁ bandhanto „udet' ayan“ ti ādim āha:

---

[k] B adds hi. [l] C[p] C[s] bhikkhuhi. [m] B netva. [n] C saccam. [o] C C[p] C[s] -paṭiyattaṁ sarīraṁ. [p] B mātugāmaṁ disvā ukkaṇṭhiti. [q] C[p] has corrected mātugāmā to mātugāmo. [r] B kasmā tumhādisānaṁ yeva. [s] B nāluḷessati. [t] B -tānaṁ. [u] B uttamasamaṅgino, C[p] C[s] uttamayasasamaṅgiṇo, C -samaṅgito. [v] B asasaṅkya. [x] C[p] C[s] kanikāra-, B kaṇikaramakulavaṇṇo viya antakoso, C kaṇikāramukulavaṇṇa aṇḍakoso. [y] B -rājiti-, C -rājī-. [z] B dantakubirañña-, C[p] C[s] daṇḍakahiraṁña-. [a] B C[p] sūriyaṁ. [b] C C[p] C[s] rakkhāvarana-, B rakkhaṇatthāya.

1. „Udet' ayaṁ cakkhumā ekarājā
harissavaṇṇo paṭhavippabhāso[a];
taṁ taṁ namassāmi harissavaṇṇaṁ paṭhavippabhāsaṁ[b],
tay' ajja guttā viharemu[c] divasan" ti.

Tattha udetīti pācīnalokadhātuto uggacchati, cakkhumā ti sakalacakkavālavāsīnaṁ[d] andhakāraṁ vidhamitvā cakkhupaṭilābhakaraṇena[e] yaṁ tena[f] tesaṁ dinnaṁ cakkhuṁ tena[g] cakkhunā cakkhumā, ekarājā ti[h] sakalacakkavāḷe[i] ālokakaraṇaṁ[j] antare seṭṭhaviseṭṭhaṭṭhena[k] ekarājā, harissavaṇṇo ti harisamānavaṇṇo suvaṇṇavaṇṇo ti attho, paṭhaviṁ pabhāsetīti[l] paṭhavippabhāso[m]; taṁ taṁ namassāmīti tasmā taṁ[n] evarūpaṁ bhavantaṁ namassāmi, tayajja guttā viharemu divasan ti tayā ajja rakkhitagopitā[o] hutvā imaṁ divasaṁ catuiriyāpathavihārena[p] sukhaṁ vihareyyāma. Evaṁ Bodhisatto imāya gāthāya suriyaṁ[q] namassitvā dutiyagāthāya atīte parinibbute buddhe c' eva buddhaguṇe ca namassati:

2[a]. „Ye brāhmaṇā[r] vedagū[s] sabbadhamme
te me namo te ca maṁ pālayantu;
nam' atthu buddhānaṁ, nam' atthu bodhiyā,
namo vimuttānaṁ, namo vimuttiyā."

---

[a] B pathavī. [b] B pathavīppabhāsaṁ. [c] B ratta vihāremu. [d] B -cakkavūlavāsinaṁ, C[p] C[s] have corrected -cakkavāla- to -cakkavāḷa-. [e] C -karaṇena. [f] B yantena, C yaṁ yena. [g] B dvinnaṁ cakkhupaṭilābhakaraṇena. [h] B adds sakarājāti. [i] C C[s] sakaḷa-, B sakaḷacakkavāḷe, C[p] sakaḷacakkavāḷe. [j] C[p] C[s] -karāṇaṁ. [k] B seṭhaviseṭhaṭhena. [l] C[p] paṭhavippabhāsetīti. [m] B attho pathavippabhāso ti paṭhaviobhāso. [n] B taṁ tasmā. [o] B rakkhitā-. [p] B catuhi iriyapathehi, C -vihareṇa. [q] B C[p] sūriyaṁ. [r] B C[p] brahmaṇā. [s] B C[p] C[s] vedagu.

2[b]. Imaṁ so parittaṁ katva
moro carati[t] esanā[u] ti.

Tattha ye brāhmaṇā[v] ti ye bāhitapāpā visuddhibrāhmaṇā, vedagū ti vedānaṁ pāraṁ gatā ti pi vedagū, vedehi pāraṁ gatā ti pi vedagū[w], idha pana sabbe[x] saṁkhatāsaṁkhatadhamme vidite pākaṭe katvā gata ti vedagū[y], ten' evāha sabbadhamme ti, sabbe khandhāyatanadhātudhamme[z] salakkhaṇasamaññalakkhaṇavasena[a] attano ñāṇassa[a] vidite pākaṭe[b] katva gata, tiṇṇaṁ Mārānaṁ[c] matthakaṁ madditvā dasasahassilokadhātuṁ unnādetvā bodhitale sammāsambodhiṁ patvā saṁsaraṁ va atikkanta ti attho, te me namo ti te mama imaṁ namakkaraṁ paṭicchantu, te ca maṁ pālayantū 'ti evaṁ mayā namassitā ca[d] te bhagavanto[e] maṁ pālentu[f] rakkhantu gopentu, namatthu buddhānaṁ namatthu bodhiyā namo vimuttānaṁ namo vimuttiyā ti ayaṁ mama namakkāro[g] atītānaṁ parinibbutānaṁ buddhānaṁ atthu, tesaṁ yeva[h] catusu maggesu catusu phalesu ñāṇasaṁkhātaya[i] bodhiyā[j] atthu, tathā tesaṁ yeva[k] arahattaphalavimuttiyā[l] vimuttānaṁ atthu, yā[m] ca tesaṁ tadaṅgavimuttivikkhambhanavimuttisamucchedavimuttipaṭippassaddhivimuttinissaraṇavimuttīti[n] pañcavi-

---

[t] B calati. [u] C esata. [v] B brahmaṇa. [w] B devagū ti devanaṁ pāraṁ gatā ti pi vedagū (devagū?) vedehi pāraṁ gatā ti vedagū. [x] B sabba. [y] C Cp Cs vedagu. [z] Cp bandhāyatana-. [a] C Cp Cs -samamñña. [a] C ñānassa. [b] B pākate. [c] all the MSS. māraṇaṁ. [d] B omits ca. [e] B bhavanto. [f] B pālayantu. [g] B namakkā, C tamakkāraṁ. [h] B tesañ ñeva. [i] C ñānasaṁkhatāya, B ñāṇasañkhātāya, Cp Cs ñāṇasaṁkhātā. [j] Cp Cs sambodhiyā. [k] B tesañ ñeva. [l] B omits vimuttiyā. [m] C omits yā. [n] B tadagi- - -paṭipassaddhi-, C tadaṅgi- - -vikkhambhana- - -paṭipassaddhi-.

dhā vimutti tassā tesaṁ[o] vimuttiyâpi ayaṁ mayhaṁ namakkāro atthū ti; *imaṁ so parittaṁ katvā moro carati esanā* ti idaṁ pana padadvayaṁ Satthā abhisambuddho hutvā āha, tass' attho: bhikkhave, so moro[p] imaṁ parittaṁ imaṁ rakkhaṁ katvā attano gocarabhūmiyaṁ pupphaphalādīnam[q] atthāya nānappakārāya[r] esanāya[s] carati. Evaṁ divā[t] saṁcaritvā sāyaṁ pabbatamatthake nisīditvā atthaṁ gacchantaṁ suriyaṁ[u] olokento buddhaguṇe āvajjetvā nivāsanaṭṭhāne rakkhāvaraṇatthāya[v] puna Brahmamantaṁ bandhanto „apetayan" ti ādim āha:

3. „Apet' ayaṁ cakkhumā ekarājā
harissavaṇṇo paṭhavippabhaso[x];
taṁ taṁ namassāmi harissavaṇṇaṁ paṭhavippabhāsaṁ[x],
tay' ajja guttā viharemu rattiṁ.

4[a]. Ye brāhmaṇā vedagū[y] sabbadhamme
te me namo te ca maṁ pālayantu;
nam' atthu buddhānaṁ, nam' atthu bodhiyā,
namo vimuttānaṁ, namo vimuttiyā."

4[b]. Imaṁ so parittaṁ katvā
moro vāsaṁ akappayīti.

Tattha *apetī* ti apayāti atthaṁ gacchati; *imaṁ so parittaṁ katvā moro vāsaṁ akappayīti* idam[z] pi abhisambuddho hutvā āha, tass' attho: bhikkhave, so moro imaṁ parittaṁ imaṁ[a] rakkhaṁ katvā attano nivāsanaṭṭhāne vāsaṁ akappayittha, tassa rattiṁ vā divā[b] vā imassa parittassânubhā-

---

[o] B tassa nesaṁ. [p] B adds tadā. [q] B pupphaphalādi, Cᵖ pupphalādinaṁ. [r] B nānappakārā. [s] C omits esanāya, B esanā. [t] B diva. [u] B sūriyaṁ. [v] B rakkhācaraṇa-. [x] B pathavi-. [y] Cᵖ Cᵏ vedagu. [z] B idaṁ. [a] B Cᵏ omit imaṁ. [b] Cᵖ Cᵏ divaṁ, C has altered divaṁ to divasaṁ.

vena[a] n'eva bhayaṁ[b] na lomahaṁso[b] ahosi. Ath' eko Bārāṇasiyā[c] avidūre nesādagāmavāsī[d] nesādo Himavantapadese[e] vicaranto tasmiṁ Daṇḍakahiraññapabbatamatthake[f] nisinnaṁ[g] Bodhisattaṁ disvā āgantvā[h] puttassa ārocesi. Ath' ekadivasaṁ Khemā[i] nāma Bārāṇasirañño[j] devī supinena[k] suvaṇṇavaṇṇaṁ moraṁ dhammaṁ desentaṁ disvā rañño[l] ārocesi: „Ahaṁ deva suvaṇṇavaṇṇassa morassa dhammaṁ sotukāmo" ti. Rājā amacce pucchi. Amaccā „brāhmaṇā jānissantīti" āhaṁsu. Brāhmaṇā[m] „suvaṇṇavaṇṇā[n] morā nāma hontīti[o]" vatvā „kattha hontīti" vutte „nesādā jānissantīti" āhaṁsu. Rājā nesāde sannipātetvā pucchi. Atha so nesādaputto „āma, mahārāja, Daṇḍakahiraññapabbato[f] nāma atthi, tattha suvaṇṇavaṇṇamoro[q] vasatīti". „Tena hi taṁ moraṁ na māretvā[r] bandhitvā va[s] ānehīti". Nesādo gantvā[t] tassa gocarabhūmiyaṁ[u] pāse oḍḍesi[v]. Morena akkantaṭṭhāne pi pāso na sañcarati. Nesādo gaṇhituṁ asakkonto satta vassāni vicaritvā tatth' eva kālaṁ akāsi. Khemāpi devī[w] patthitaṁ alabhamānā kālaṁ akāsi. Rājā „moraṁ me[x] nissāya devī kālakatā[y]" ti kujjhitvā[z] „Himavantapadese[a] Daṇḍakahiraññapabbato[a] nāma atthi, tattha suvaṇṇavaṇṇamoro[b] vasati, ye[c] tassa[d] maṁsaṁ khādanti

---

[a] B parittānubhāve. [b] B adds vā. [c] C bārānasiyā. [d] B nesādagāmavāsī, C ṇesādagāmavāsī. [e] B -ppadese. [f] C Cp Ck -hiraññā-. [g] B nissinnaṁ. [h] B āgaṁtvā. [i] B khepa. [j] B bārāṇasirañño, C Cp Ck bārāṇasiraṁño. [k] C supiṇeṇa. [l] C Ck raṁño. [m] B adds sutvā. [n] Cp Ck suvaṇṇavaṇṇa. [o] C nāma nāhontīti. [p] C omits vatvā kattha hontīti. [q] B suvaṇṇavaṇṇo moro. [r] B omits na māretvā and adds āharitvā ca. [s] B ca. [t] B gaṁtvā. [u] B -bhummiyaṁ. [v] B oṭṭesi. [w] B omits devī. [x] B omits me. [y] B kalaṅka. [z] B kucchitvā. [a] B -ppadese. [a] C Cp Ck -hiraṁña-. [b] B suvaṇṇavaṇṇo moro. [c] C omits ye. [d] C nassa.

te ajarāmarā[e] hontīti" suvaṇṇapaṭṭe[f] likhāpetvā paṭṭaṁ[g] mañjūsāya[h] nikkhipāpesi. Tasmiṁ kālakate[i] añño[j] rājā rajjaṁ patvā[k] suvaṇṇapaṭṭaṁ vācetvā „ajarāmaro bhavissāmīti" aññaṁ[l] nesādaṁ pesesi[m]. So pi gantvā[n] Bodhisattaṁ gahetuṁ asakkonto tatth' eva kālam akāsi. Eten' eva[o] niyāmena cha rājaparivaṭṭā[p] gatā. Atha sattamo rājā rajjaṁ patvā ekaṁ nesādam pahiṇi[q]. So gantvā[n] Bodhisattena akkantaṭṭhāne pi pāsassa asañcaraṇabhāvaṁ attano parittaṁ katvā gocarabhūmigamanabhāvañ c' assa ñatvā paccantaṁ otaritvā ekaṁ moriṁ gahetvā yathā hatthatāḷanasaddena[r] naccati[s] accharāsaddena ca vassati evaṁ sikkhāpetvā[t] taṁ ādāya gantvā[n] morena[u] paritte akate pāto yeva pāsayaṭṭhiyo ropetvā pāse oḍḍetvā moriṁ vassāpesi. Moro visabhāgaṁ[v] mātugāmasaddaṁ sutvā kilesāturo hutvā parittaṁ katuṁ asakkuṇitvā[x] gantvā[n] pāse bajjhi. Atha naṁ nesādo gahetvā gantvā[y] Bārāṇasirañño[z] adāsi. Rājā tassa rūpasampattiṁ disvā tuṭṭhamānaso āsanaṁ[a] dāpesi. Bodhisatto paññattāsane[b] nisīditvā „mahārāja, kasmā maṁ[c] gaṇhāpesīti" pucchi. „Ye kira tava maṁsaṁ khādanti te ajarāmarā honti, sv-āhaṁ tava maṁsaṁ khāditvā ajarāmaro[b] hotukāmo taṁ gaṇhāpesin[c]" ti āha[d]. „Mahārāja, mama tāva maṁsaṁ khādantā ajarāmarā hontu[e], ahaṁ pana marissāmīti". „Āma marissasīti". „Mayi marante pana[f] mama maṁsaṁ

---

[e] B ajarā. [f] B -patte. [g] B paṭṭaṁ. [h] B mañjaññāya. [i] B kalaṅkate. [j] C C^p añño. [k] C katvā. [l] C C^p C^s aññaṁ. [m] B pāhesi. [n] B gantvā. [o] B etena. [p] B parivattā. [q] C^p pahini. [r] B -talasaddena, C^p -tālanasaddena, C^s -talatasaddena [s] B naccanti. [t] C^p C^s sikkhāpepetvā. [u] C moreṇa. [v] B. visabhāga. [x] B adds vegena. [y] B omits gantvā. [z] C bārāṇasiraṁño, C^p C^s bārāṇasiraṁño. [a] C āsanan. [b] C^p paṁñattāsane. [c] C^p C^s ma. [b] C ajaramarā. [c] C gahāpesen, B gaṇhāpesin. [d] B omits āha. [e] B honti. [f] B omits pana.

eva[g] khāditvā kinti[h] katvā na marissantīti". „Tvaṁ suvaṇṇavaṇṇo[i], tassa kira tava maṁsaṁ khādakā[j] ajarāmarā bhavissantīti". „Mahārāja, ahaṁ na akāraṇā[k] suvaṇṇavaṇṇo jāto, pubbe panāhaṁ imasmiṁ yeva nagare cakkavattirāja hutvā sayaṁ[l] pi pañca sīlāni rakkhiṁ, sakalacakkavalavāsino[m] pi rakkhāpesiṁ, sv-āhaṁ kālaṁ katvā Tāvatiṁsabhavane nibbatto, tattha yāvatāyukaṁ ṭhatvā[n] tato cuto aññass' ekassa[o] akusalassa[p] nissandena[q] morayoniyaṁ nibbattitvā[r] porāṇasīlānubhāvena[s] suvaṇṇavaṇṇo jāto" ti. „'Tvaṁ[t] cakkavatti[u] hutvā[v] sīlaṁ rakkhitvā sīlaphalena suvaṇṇavaṇṇo jāto' ti kathaṁ idaṁ amhehi saddhātabbaṁ, atthi no koci[w] sakkhīti". „Atthi, mahārājā" ti. „Ko nāmā" 'ti. „Mahārāja, ahaṁ cakkavattikāle ratanamaye rathe nisīditvā ākāse vicariṁ, so me ratho maṅgalapokkharaṇiyā[x] antobhūmiyaṁ nidahāpito, taṁ maṅgalapokkharaṇito[y] ukkhipāpehi, so me sakkhi[z] bhavissatīti." Rājā „sādhū" ti paṭisuṇitvā pokkharaṇito[a] udakaṁ harāpetvā rathaṁ[b] nīharāpetvā[c] Bodhisattassa saddahi. Bodhisatto „mahārāja, ṭhapetvā amatamahānibbānaṁ avasesā sabbe saṁkhatadhammā[d] hutvā abhāvino[e] aniccā khayavayadhammā yevā" 'ti vatvā[f] rañño[g]

---

[g] B omits eva. [h] C nanti. [i] B adds ahosi. [j] B khādukā. [k] B ahaṁ pana sakāraṇāni. [l] B sayaṁ. [m] B sakalacakkavāḷa-, Cp Cs sakaḷacakkavāḷa-, C sakalacakkavālavāsino. [n] B ṭhapetvā. [o] Cp Cs -aṁñassekassa, B tato ca aññassa. [p] B akusalakammassa. [q] B nissinnena. [r] C Cp Cs nibbattetvā, B nippattitvā. [s] C porāṇasīlānubhāvena, Cp poraṇaka-, Cs porāṇaka-. [t] C Cp Cs taṁ. [u] B cakkavattirājā. [v] B omits hutvā. [w] C keci. [x] Cp Cs maṁgala-, all the MSS. -pokkharaṇiyā. [y] Cp Cs maṁgala-, Cp Cs -pokkharaṇito. [z] C Cp Cs sakkhiṁ, B sakkhi. [a] C Cp Cs pokkharaṇito. [b] B omits rathaṁ. [c] B nīharāpetvā. [d] B saṅkhata-. [e] C abhāvitā. [f] B omits vatvā. [g] C Cp Cs raṁño.

dhammaṁ desetvā rājānaṁ pañcasu sīlesu patiṭṭhāpesi[e]. Rājā pasanno Bodhisattaṁ rajjena pūjetvā mahantaṁ sakkāraṁ akāsi. So rajjaṁ tass' eva datvā katipahaṁ[f] vasitvā va[g] „appamatto hohi[h], mahārāja" 'ti ovaditvā[i] ākāse uppatitvā Daṇḍakahiraññapabbataṁ[j] eva agamāsi. Rājāpi[k] Bodhisattassa ovāde ṭhito dānādīni puññāni[l] katvā yathākammaṁ[m] gato.

Satthā imaṁ dhammadesanaṁ āharitvā saccāni pakāsetvā[d] jātakaṁ samodhānesi: (Saccapariyosāne[n] ukkaṇṭhitabhikkhu[o] arahatte patiṭṭhahi) „Tadā rājā Ānando ahosi, suvaṇṇamoro[p] pana aham evā" 'ti. Mora-jātakaṁ[w].

II, 16, 10. VINĪLAKA-JĀTAKA.

„Evam eva nūna[q] rājānan" ti. Idaṁ Satthā Veḷuvane viharanto Devadattassa Sugatālayaṁ ārabbha kathesi. Devadatte[r] Gayāsīsaṁ āgatānaṁ[s] dvinnaṁ aggasāvakānaṁ Sugatālayaṁ dassetvā nipanne[t] ubho pi therā dhammaṁ desetvā attano nissitake ādāya Veḷuvanaṁ agamiṁsu[u]. Te Satthārā „Sāriputta, Devadatto tumhe disvā kiṁ akāsīti" puṭṭhā „bhante, Sugatālayaṁ dassetvā mahāvināsaṁ pāpuṇīti" ārocesuṁ. Satthā „na kho, Sāriputta, Devadatto idān' eva mama anukiriyaṁ

---

[e] B patiṭhapesi. [f] B tassomariyādetvā. [g] B omits va. [h] B hoti. [i] B ovāditvā, Cᵖ has corrected ovāditvā to ovaditvā. [j] C Cᵖ Cˢ -hiraṁña-. [k] B rajā. [l] C Cᵖ Cˢ puṁnāni. [m] B yathākkamaṁ. [d] C omits saccāni pakāsetvā. [n] C -sāne. [o] B C -bhikkhū. [p] B suvaṇṇavaṇṇo moro. [w] B adds navamaṁ. [q] B Cᵖ Cˢ nuna. [r] B devadatto hi, C devadatto. [s] C Cᵖ Cˢ gatānaṁ. [t] B nippanne. [u] B āgamaṁsu.

karonto vināsaṁ pāpuṇi, pubbe pi patto yevā" 'ti vatvā therena[v] yācito atītaṁ āhari:

Atīte Videharaṭṭhe Mithilāyaṁ Videhe rajjaṁ kārente Bodhisatto tassa aggamahesiyā kucchismiṁ[w] nibbattitvā vayappatto Takkasilāyaṁ[x] sabbasippāni[y] uggaṇhitvā[z] pitu accayena rajje patiṭṭhāsi. Tadā ekassa suvaṇṇarājahaṁsassa gocarabhūmiyaṁ kākiyā saddhiṁ saṁvāso ahosi. Sā puttaṁ vijāyi. So n' eva mātu patirūpako[a] ahosi na pitu[a]. Ath' assa viṇilakadhātukattā[b] 'Viṇilako' tv-eva nāmaṁ akaṁsu[c]. Haṁsarājā abhiṇhaṁ gantvā puttaṁ passati. Apare pan' assa dve haṁsapotakā puttā ahesuṁ. Te pitaraṁ abhiṇhaṁ manussapathaṁ gacchantaṁ[e] disvā pucchiṁsu: „tāta, tumhe kasmā abhiṇhaṁ manussapathaṁ gacchathā" 'ti. „Tāta, ekāya[f] me kākiyā saddhiṁ saṁvāsam anvāya eko putto jāto, 'Viṇilako' ti 'ssa nāmaṁ, taṁ ahaṁ daṭṭhuṁ gacchāmîti." „Kahaṁ pana te[g] vasantîti." „Videharaṭṭhe Mithilāyaṁ[d] avidūre asukasmiṁ nāma ṭhāne[h] ekasmiṁ talagge vasantîti." „Tāta, manussapatho nāma sāsaṅko[i] sappaṭibhayo, tumhe mā gacchatha, mayaṁ gantvā[j] taṁ ānessāmā[k]" 'ti dve haṁsapotakā pitarā[l] ācikkhitasaññāya[m] tattha gantvā[j] taṁ Viṇilakaṁ ekasmiṁ daṇḍake nisīdāpetvā mukhatuṇḍakena daṇḍakoṭiyaṁ[n] ḍasitvā[o] Mithilanagaramatthakena pāyiṁsu[p]. Tasmiṁ khaṇe Videharājā sabbasetacatusindhavayuttarathavare nisīditvā nagaraṁ padakkhi-

---

[v] C thereṇa. [w] B gucchimhi, Cp Ck kucchimhi. [x] B Ck takkasilayaṁ. [y] C -sippāṇi. [z] C uggaṇhi, B uggaṇhetvā. [a] B paṭirūpako. [a] B adds ṭirūpako. [b] C viṇil-. [c] B karisu. [d] B apare na dve ca. [e] C agacchantaṁ. [f] B tāta etāya. [g] B paneta. so all the MSS. [h] B omits nāmaṭhane. [i] B nāma saṅko. [j] B gaṁtvā. [k] B ānessāmi. [l] C pitaraṁ. [m] C Cp Ck -saṁñāya. [n] B mukhatuṇḍakoṭiyaṁ. [o] B ḍaṁsāpetvā. [p] B pāyisu.

ṇaṁ[q] karoti. Vinilako taṁ disvā cintesi: „mayhaṁ Videharaññā[r] saddhiṁ kiṁ nānākaraṇaṁ[s], eso[t] catusindhavayuttarathe nisīditvā nagaraṁ anusañcarati ahaṁ pana haṁsayuttarathe nisīditvā gacchāmīti“ so ākāsena gacchanto[u] paṭhamaṁ gātham āha:

1. „Evam eva nūna[v] rājānaṁ
Vedehaṁ Mithilaggahaṁ
assā vahanti ājaññā[w]
yathā haṁsā Vinīlakan“ ti.

Tattha evam evā ti evam eva, nūnā 'ti parivitakke nipāto ekaṁse[y] pi vattati[z] yeva, Vedehan ti Videharaṭṭhissaraṁ, Mithilaggahan ti Mithile gehaṁ[a] Mithilāyaṁ[s] gharaṁ pariggahetvā vasamānan ti attho, ājaññā[e] ti kāraṇākāraṇajānanakā, yathā haṁsā Vinīlakan ti yathā ime haṁsā maṁ Vinīlakaṁ vahanti evam eva vahantīti. Haṁsapotakā tassa vacanaṁ sutvā kujjhitvā „idh' eva naṁ pātetvā gamissāmā“ 'ti cittaṁ uppādetvāpi „evaṁ kate[b] pitā no kiṁ vakkhatīti“ garahabhayena pitu santikaṁ netvā tena katakiriyaṁ pitu ācikkhiṁsu. Atha naṁ pitā kujjhitvā „kiṁ tvaṁ mama puttehi adhikataro yo[c] mama putte abhibhavitvā rathe yuttasindhave viya karosi, attano pamāṇaṁ[d] na jānāsi, imaṁ ṭhānaṁ tava agocaro, attano mātu vasanaṭṭhānam eva gacchā[e]“ 'ti tajjetvā dutiyaṁ gātham āha:

---

[q] C^p C^e padakkhinaṁ. [r] C^p -rañño, C C^e -raññā. [s] C -karanaṁ. [t] B esa. [u] B adds va. [v] B nanuja. [w] C^p C^e ājaññā. [y] C ekaṁ dese. [z] B vattati, C^p C^e vaddhati. [a] B mithilaggehaṁ. [s] B C^p C^e mithilāya. [e] C^p C^e ājaññā. [b] B C^p katha. [c] B adhikataro ti so tvaṁ. [d] C pamānaṁ. [e] B gacchāhi.

2. „Vinila, duggaṁ bhajasi,
abhūmiṁ, tāta, sevasi,
gāmantakāni sevassu,
etaṁ mātālayaṁ[f] tavan[g] ti.

Tattha Vinilā 'ti taṁ nāmenâlapati, duggaṁ bhajasīti imesaṁ vasena giriduggaṁ bhajasi, abhūmiṁ tāta sevasīti tāta girivisaman[h] nāma tava abhūmiṁ taṁ sevasi upagacchasi, etaṁ mātālayaṁ[i] tavan[g] ti etaṁ gāmantaṁ[j] ukkāraṭṭhānaṁ āmakasusānaṭṭhānañ ca tava mātu ālayaṁ gehaṁ vasanaṭṭhānaṁ tattha gacchā[e] 'ti. Evaṁ taṁ tajjetvā „gacchatha, naṁ Mithilanagarassa ukkārabhūmiyaṁ yeva[k] otāretvā ethā[l]" 'ti putte āṇāpesi[m]. Te tathā akaṁsu.

Satthā imaṁ dhammadesanaṁ[n] āharitvā jātakaṁ samodhānesi: „Tadā Vinīlako Devadatto ahosi, dve haṁsapotakâpi[o] dve aggasāvakā, pitā Ānando, Videharājā pana aham evā" 'ti. Vinīlaka-jātakaṁ[p]. Daḷhavaggo paṭhamo.

---

[f] Cp Cs mātālayan. [g] B tavā. [h] B girisamaṁ. [i] B mātālayan. [j] C gāmanta. [k] B -bhūmiyañ ñeva. [l] B Cp etā. [m] C Cp Cs āṇāpesi. [n] Cp Cs omit dhamma. [o] B omits pi. [p] B adds dasamaṁ.

II, 16, 1. THE RĀJOVĀDA-BIRTH.

In (times) past, while Brahmadatta reigned in Bārāṇasī, Bodhisatta having been conceived in the womb of his First Queen, after receiving the gift of conception came safely out of (his) mother's womb. On the day he was named they called him Prince Brahmadatta. He having gradually grown up went to Takkasilā at the age of sixteen years, and having (there) acquired accomplishments in all arts, and being, by the death of (his) father, established in the kingdom, he reigned with justice (and) impartiality. Not being prejudiced by inclination and the like he gave (his) decision. While he thus reigned with justice, (his) ministers also settled litigations with justice. Litigations being settled with justice, there were none who brought about false lawsuits. In consequence of the non-existence of these (suits, all) noise on account of lawsuits ceased in the king's court. The ministers sitting by day in the law-court (but) seeing no one coming for the purpose of (getting) a decision, go away. The court attained the state of being superseded. Bodhisatta thought: as I reign with justice none come for the purpose of (getting) a decision, the noise has ceased, the court has attained the state of being superseded, now it behoves me to examine my own faults; on learning that I have this (or that) fault I will discard it and live virtuously. From that time seeking for some one who would tell him his faults, (but) seeing no one among (his) indoor-servants who would do so, (and) having heard (only) his own praise, (he said to himself:) „through fear these (people) do not tell me (my) faults, they (only) praise me", (and) so (saying) questioning the outdoor-servants, (but) there too seeing no one (who would tell him his faults), he questioned (the inhabitants of) the inner city, (and afterwards) in the outer city the inhabitants of the villages at the four gates; there too seeing no one who would tell (him his) faults (but only) hearing (his) own praise, (he thought:) „I will question the country people", (and then) after making over the kingdom to the ministers, mounting (his) chariot (and) taking (with him his) charioteer, he went out of the town in the dress of an unknown person, (and) questioning country people he proceeded as far as the frontier, (but) not seeing any one who would tell (him his) faults, (and only) hearing (his) own praise, he returned from the landmarks by the high-road towards the city.

At this time also, on the other hand, the Kosala-king by name Mallika who reigned with justice, examining (his) faults (but) seeing no one among (his) indoor-servants and the others who would tell (him his) faults (and only) hearing (his) own praise, went to that (same) region questioning country people. They both met face to face on a low carriage-road. There is no room for the chariot getting out of the way. Then the charioteer of the Mallika-king said to the charioteer of the king of Bārāṇasī: „drive your chariot out of the way." He (the latter) also said: „hollo! charioteer! drive your chariot out of the way, in this chariot is seated the ruler of the Bārāṇasī-kingdom, the great king Brahmadatta." The other again said: „hollo! charioteer! in this chariot is seated the ruler of the Kosala-kingdom, the great king Mallika, drive your chariot out of the way, and make room for the chariot of our king." The charioteer of the Bārāṇasī-king, reflecting: „this too is certainly a king, what then is to be done?" (and thinking to himself:) „well, there is this means, after asking the king's age I will cause the charioteer to drive the chariot of the younger out of the way and make room for the old(er)", (and) so having made this reflection he asked the charioteer the age of the Kosala-king, and when, by inquiring, he had learned that they both were of the same age, he asked the extent of (his) kingdom, (his) army, (his) wealth, (his) renown, the region of (his) birth, of (his) tribe, and of (his) family, (this) all (he asked), (but) learning that they both were rulers of a kingdom 300 yojana's in extent, and were on a par with regard to army, wealth, renown, and the region of (their) birth, tribe, and family, and (therefore) thinking „I will give the more virtuous a chance", the charioteer asked: „what is your king's virtue. He (replying:) „this and this is our king's virtue", (and) so construing his king's faults into virtues he pronounced the first stanza:

1. „The Mallika-king overthrows the strong by strength,
   the soft by softness,
   the good he conquers by goodness,
   the wicked by wickedness.
   Such (is) this king.
   Move out of the way, O charioteer!"

Then the charioteer of the Bārāṇasī-king (said:) to him: „well, have now your king's virtues been told by you?" (and) so having said and having been answered: „indeed (they have), he said (again:) „if these (are his) virtues of what kind then (must be his) faults," (and) so having said and being answered: „suppose these are faults, of what kind then are the virtues of your king", he said: „listen then!" and pronounced the second stanza:

2. „By calmness he conquers anger,
the wicked he conquers by goodness,
he conquers avarice by charity,
by truth the false-speaker.
Such (is) this king.
Move out of the way, O charioteer!"

This having said, the Mallika-king and (his) charioteer, both having alighted from the chariot, taken out the horses and removed the chariot, made way for the Bārāṇasī-king. The Bārāṇasī-king having admonished the Mallika-king thus: „It behoves (thee) to do this and this", went to Bārāṇasī, and after having dealt gifts and done other good deeds he at the end of (his) life fulfilled (his career and went) the way to heaven. The Mallika-king too, having taken (to heart) his admonition, questioned country people, (but) seeing no one who would tell (him his) faults he went back to his own city, and having given gifts and done other good deeds he at the end of (his) life fulfilled (his career and went) the way to heaven.

II, 16, 2. THE SIGĀLA-BIRTH.

In (times) past, while Brahmadatta reigned in Bāraṇasī, Bodhisatta was born in the womb of a lion in the region of Himavanta. He had six very young brothers and one sister. They all dwell in the Golden Cave. Not far from that cave, in the Silver-mountain there is one (other cave called) the Crystal Cave. There dwells a jackal. Afterwards the parents of the lions died. They (her brothers) after leaving their sister, the young lioness, in the Golden Cave (and) going out for prey, bring back meat and give (it to) her. The jackal having seen the young lioness, fell in love with her. But as long as her parents were alive he got no opportunity. (Afterwards) at a time when those seven brothers had gone out for prey, he descending from the Crystal Cave and going to the opening of the Golden Cave, spoke such mysterious (and) tempting words before the young lioness (as follows): „young lioness! I am a quadruped and thou art a quadruped, be thou my wife, and I will be thy husband, we shall then live together in unity and joy, receive me henceforth with love“. She having heard his talk, thought: „this jackal is among quadrupeds mean, despised, (and) like a caṇḍāla, (but) I am honoured (as belonging to) the most excellent royal race, and he certainly speaks vulgar and unseemly (words) to me; having heard such talk what have I to do with life, I will repress my breath and die.“ (But) then this (thought) occurred to her: „no, in this manner death does not befit me, but my brothers (will) come, when I have told (it) to them I will die.“ The jackal getting no reply from her (thought:) „as yet she does not fall in love with me“, (and) so (he became) sad, and having entered the Crystal Cave lay down. Then one of the young lions having killed one among the buffaloes, elephants and others, after having himself eaten (some) flesh, brought a portion to (his) sister and said: „dear, eat (some) flesh.“ „Dear brother, I will not eat flesh, I will die.“ „Why?“ She (then) told (him) what had occurred, and when (her brother had) said: „where is that jackal now,“ she, believing the jackal who was lying in the Crystal Cave to be lying in the air, replied: „dear brother, do you not see, he lies in the air on the Silver-mountain." The young lion, not knowing that he was lying in the Crystal Cave, (but) thinking that he lay in the air, (said to himself:) „I will kill him," (and) so springing forward with the vehemence of a lion struck (his) heart against the Crystal Cave. Having there, with (his) heart crushed, lost his life he fell down at the foot of the mountain. Then came another (of her brothers). To him, too, she spoke in the same manner. He having likewise acted so (and) lost (his) life, fell down at the foot of the mountain. When thus (her) six brothers were dead, last of all came Bodhisatta. Having told him, too, that affair, (and) having been asked: „where is he now", she said: „he lies in the air above the Silver-mountain." Bodhisatta thought: „jackals cannot dwell in the air, he must lie in the Crystal Cave, (and) so having gone down to the foot of the mountain (and) having seen (there his) six young brothers (lying) dead, (and) understanding: „these by their own folly (and) for want of discrimination not knowing the existence of the Crystal Cave, must have struck the heart (against the rock) and have died, for this is a work of such as act inconsiderately and too hurriedly", he pronounced the first stanza:

1. „The man who has not reflected on his actions,
him who acts hurriedly
his own actions (will) burn
like (something) hot that has got into the mouth."

So that lion, after pronouncing this stanza, (thought:) „my brothers, choosing unfortunate means, having sprung forward with too great vehemence thinking to kill the jackal, have themselves come by their death, I on the other hand will not do so but split the heart of the jackal that is lying in the Crystal Cave," (and) so after examining the jackal's road up (to) and down (from the cave), turning in that direction he roared a lion's roar thrice. The air together with the earth became one roar, (and then) burst the heart of the terrified and trembling jackal who lay in the Crystal Cave. (Thus) he there met (his) death. The Master having said: „thus that jackal, on hearing the lion's roar, came by (his) death," becoming inspired pronounced the second stanza:

2. „And the lion with the roar of a lion
made the Daddara (-mountain) resound.
Hearing the lion's roar
the jackal, dwelling on the Daddara,
(was) terrified (and) fell a-trembling,
and his heart burst.

The lion having thus destroyed the jackal, and having covered up (his) brothers in a (certain) place, told (his) sister that they were dead and comforted her, and after living his whole life in the Golden Cave he (at last) passed away according to (his) deeds.

II, 16, 3. THE SŪKARA-JĀTAKA.

In (times) past, while Bramadatta reigned in Bārāṇasī, Bodhisatta being a lion dwelt in a mountain-cave in the region of Himavanta. Not far from him (close) by a lake (there) dwelt many wild hogs. Near that lake (there) lived also (some) ascetics in arbours. Then one day the lion having killed one of the buffaloes, elephants etc. and eaten as much flesh as he possibly could, went down into that lake, and after drinking water got out again. At that moment a fat hog is taking his food near the lake. The lion, on seeing him, thought: „another day I will eat that (fellow), but if he sees me he will not come here again“, so for fear he would not return he began to go aside after ascending from the lake. The hog, on seeing (this, thought:) „this (fellow) observing me and not being able to approach for fear of me, runs away for fear, to-day it behoves me to engage this lion,“ (and) so, after raising (his) head, (while) challenging him to fight, he pronounced the first stanza:

1. „I (am) a quadruped, O friend,
thou also, O friend, (art) a quadruped;
come, O lion, return,
why dost thou flee in a fright.

The lion having heard his tale (said:) „friend hog, to-day there is no (possiblity of) our fighting with thee, but on the seventh day hence on this very spot let the fighting take place,“ (and) so having said he went off. Glad and delighted the hog told that occurrence to (his) relations, saying: „I am going to fight with the lion.“ They having heard his tale, said frightened and trembling: „now thou wilt destroy us all, not knowing thy own strength thou wishest to do battle with the lion, (but) the lion when coming will cause the death of us all, (so) do not commit (such) a rash deed.“ He, frightened and trembling, asked: „what (am) I now (to) do?“ The hogs said: „after going to the dunghill of these ascetics (and) rolling (thy) body for seven days in the stinking dung thou must dry up (thy) body, (but) on the seventh day having drenched (thy) body with dew-drops thou must come (to the spot) before the arrival of the lion (and) after observing the direction of the wind place thyself above the wind, (then) the cleanly lion, having smelled the scent of (thy) body will concede to thee the victory and go away. Having done so he stood there on the seventh day. The lion, scenting the smell of his body, and perceiving that he was soiled with filth (said:) „friend hog, a nice trick has been devised by thee, if thou wert not soiled with filth I should here destroy thee, but now thy body can neither be bitten by (my) mouth nor struck with (my) foot, I leave to thee the victory," (and) so saying he pronounced the second stanza:

2. „Dirty, with stinking bristles art thou,
ill smellest thou, O hog;
if thou wantest to fight
the victory, O friend, I leave to thee.

The hog told his relations that he had conquered the lion. They, frightened and trembling, (said among themselves:) „one day the lion will come again and destroy us all, (and) so they fled and went elsewhere.

II, 16, 4. THE URAGA JĀTAKA.

In (times) past, while Brahmadatta reigned in Bārāṇasi, when a festival had been proclaimed, there was a large assembly. Many, both men and gods, and Nāgas (serpents) and Supaṇṇas (birds), came together to see the assembly. There, in one place, a nāga and a supaṇṇa stood together looking at the assembly. The nāga, not knowing that the supaṇṇa was a supaṇṇa, laid (his) hand on the (supaṇṇa's) shoulder. The supaṇṇa, turning round (said:) „who has laid (his) hand on my shoulder", and looking (at him) he recognised the nāga. The nāga, too, looking at the supaṇṇa, after recognising (him) trembling with fear of death, went out of the town and fled along the surface of the river. The supaṇṇa (said to himself:) „I will catch him", (and) so he pursued (him). At this time Bodhisatta, living as an ascetic in a hut on the bank of this river, in order to drive away the fatigues of the day having put on (his) bathing-dress and left his bark-garment outside (on the shore), steps down into the river and bathes. The nāga (thinking:) „by this pabbajita I will save (my) life", after leaving (his) natural shape and having formed (himself into) that of a magic gem, entered the bark-garment. The pursuing supaṇṇa, seeing that he had entered it, but not laying hold of the bark-garment because of (its) venerability, called unto Bodhisatta, and (while saying:) „Lord, I am hungry, take thy bark-garment, I want to eat this nāga," in order to explain this matter he pronounced the first stanza:

1. „The chief of the nāgas has entered here
   in the shape of a gem, wishing to escape;
   and I, revering the sacred dress,
   (though) hungry am not able to eat (him).

Bodhisatta, standing in the water, after praising the supaṇṇa-king, pronounced the second stanza:

2. „Mayst thou, who art protected by Brahman, live long,
   and may divine food appear to thee;
   thou, who reverest the dress of the religious,
   (though) hungry, must not presume to eat (him).

Thus Bodhisatta, after pronouncing the benediction while standing in the water, having stepped out and attired himself in his bark-garment, went to (his) hermitage taking them both (along with him), and made them agree, after he had praised the cultivation of friendship. Henceforth they lived happily (together) agreeing and joyful.

II, 16, 5. THE GAGGA-JĀTAKA.

In (times) past, while Brahmadatta reigned in Bārāṇasī, Bodhisatta was born in the family of a brāhmaṇa in the kingdom of Kāsī. His father gets his living by trading. He, after letting Bodhisatta when about sixteen years old put up pitcher-wares (into a waggon), wandering about in villages and towns arrived at Bārāṇasī, and having had (his) meal dressed in the gate-warder's house and eaten (it), as he could get no lodging (there) he asked: „belated strangers, where do they dwell?" Then people said to him: „In the outer part of the town there is a hall, but that is haunted by demons, if you like you may dwell (there)". Bodhisatta (said:) „come father, let us go, do no be afraid of the yakkha, I will tame him and lay him at your feet", (and) so he took (his) father (with him) and went there". Then his father lay down on the threshold, (and) he himself sat down rubbing (his) father's feet. But the yakkha dwelling there, on receiving this hall after serving Vessavaṇa for twelve years, had got (the permission) that among the persons entering this hall, he who when one sneezes says: „mayst thou live!" and he who when one says: „mayst thou live!" replies: „mayst thou also live!", with the exception of such saying: „mayst thou live!" and: „mayst thou also live!", he might eat all others. He lives on a piṭṭhavaṁsa-pillar. (Thinking:) „I will make Bodhisatta's father sneeze", he by his own power sent forth small dust. The dust came and entered his nostrils. He (who was) lying on the threshold sneezed. Bodhisatta did not say: „mayst thou live!" The yakkha descends from the pillar to eat him. Bodhisatta seeing him descending (thinks:) „this (fellow) must have made my father sneeze, this must be the yakkha that eats (everybody) not saying: „mayst thou live!" when one sneezes, (and) so he addressed the first stanza to (his) father:

1. „Mayst thou live a hundred years, O Gagga!
and twenty more!
Let not the pisācas eat me!
Mayst thou live a hundred years!

The yakkha having heard Bodhisatta's word, (said to himself:) „I cannot eat this man because he has said: 'mayst thou live!' but his father I will eat," (and) so (saying) he went to the father's presence. He seeing him approaching, thought: „this must be the yakkha that eats (all) those who do not say: 'mayst thou also live!' I will say so", (and) so he addressed the second stanza to (his) son:

2. „Mayst thou also live a hundred years!
and twenty more!
Let the pisācas eat poison!
Mayst thou live a hundred years!"

The yakkha having heard his words, returned (saying to himself:) „these two cannot be eaten (by me)." Then Bodhisatta asked him: „O thou yakkha, why dost thou eat the men who have entered this hall?" „Because I have got (the permission) after serving Vessavaṇa for twelve years". „Has thou got (permission) to eat all?" „With the exception of those who say: 'mayst thou live!' and 'mayst thou also live!' I eat the rest." „O yakkha, after having in a former existence acted badly thou hast been born as a hard, harsh, others-destroying (being), now, after doing such a deed, thou wilt go to the darkest (hell), therefore henceforth desist from outrages against living beings and other (sins);" having thus tamed the yakkha, threatened him with the terrors of hell and established him in the five virtues, he made him, as it were, a subservient yakkha. On the following day people assembling, on seeing the yakkha and understanding him to be tamed by Bodhisatta, said to the king: „Lord, there is a boy who has tamed the yakkha and made him, as it were, subservient". The king having called Bodhisatta, appointed him to the post of commander of the army, and bestowed great honours on his father. Having made the yakkha a tax-gatherer and having bestowed gifts and done other good deeds after establishing himself in Bodhisatta's admonitions, he fulfilled (his career and went) the way to heaven.

II, 16, 6. THE ALĪNACITA-JĀTAKA.

In (times) past, while Brahmadatta reigned in Bārāṇasi, there was a carpenters' village not far from Bārāṇasi. There live 500 carpenters. They go up the river in a vessel, fashion timber in the forest as materials for houses, construct (different) sorts of one-floored, two-floored, and other houses, put a mark on all the timber from the post (and so on), convey (it) to the bank of the river, bring (it) on board the vessel, go by the river to the town, get (their) money, go there again and bring more materials for houses. While they were gaining their living in this way, and at one time, after constructing a camp, were fashioning timber, an elephant not far off trod on a khadira-stump. The stump pierced his foot. It gives (him) great pain. The foot, having swollen, inflamed. He mad with pain, hearing the noise of (the carpenters) fashioning timber, and thinking: „by these carpenters I shall be saved, went on three feet to their presence and lay down not far off. The carpenters, seeing the swollen foot, approached, and after seeing the stump in the foot, they made with a sharp hatchet a furrow on the stump all round, bound (it) with a rope, (and) pulling (at it, and) having drawn out the stump, removed the matter, (and) washed (the wound) with hot water, they in a short time made the wound easy by (applying) appropriate medicaments. The elephant having become cured, thought: „by these carpenters I have recovered my life, now it behoves me to serve them", and thus henceforth together with the carpenters he uproots trees, drags them away and delivers them to the carpenters, collects the hatchets etc., binds them together with (his) trunk and lays hold of the end of the knot. The carpenters, each of them allotting him a portion of food at the meal-time, give him 500 portions of food. But the son of that elephant, (being) white all over, is the young of an elephant of a noble race. Therefore this (thought) occurred to him: „I (am) now old, it behoves me now to go away after having given (my) son to these (carpenters) to work for them," (and) so (thinking) he, without telling the carpenters, entered the wood, brought hither (his) son, and said: „this young elephant (is) my son, you have restored me to life, I give you this one for a surgeon's pay, he shall henceforth do your work," and having admonished (his) son, saying: „henceforth what is to be done by me thou must do," the gave (him) to the carpenters, and he himself entered the wood. From that time forth the young elephant, doing the carpenters' bidding (and) being submissive, does all the work. And they feed him with 500 portions of food. When he has done (his) work, he descends into the river, plays and comes back. The children of the carpenters, seizing him by the tusk etc., play with him both in the water and on land. Now (all) noble (creatures) both elephants, horses and men do not drop (their) fæces or urine in the water. He therefore also, without dropping (his) fæces and urine in the water, does (it) outside on the bank of the river. But one day the cloud rained upon the river. A lump of half-dried, elephant's dung, passing along on the water after falling into the river, remained sticking fast in a shrub in the bathing-place of the city of Bārāṇasī. Then the king's elephant-keepers, (saying:) „we will bathe the elephants," led 500 elephants (down to the river). Smelling the smell of the elephant's dung, not a single elephant dared to descend into the river, (on the contrary) they all raised (their) tails and began to run away. The elephant-keepers told the elephant-masters. These (thinking:) „there must be some nuisance in the water," caused the water to be cleaned, and when they had seen the elephant's dung in that shrub and conceived that this was the cause of it, they cause a bowl to be brought, filled it with water, and when they had ground it (the dung) in it they sprinkled it on the body of the elephants. (Their) bodies (then) became sweet-smelling. Now they entered the river and bathed. The elephant-masters, having told the king this occurrence, said: „Lord, that noble elephant should be sought for and brought hither." The king went up the river on rafts, and by these upward-going rafts he reached the dwelling-place of the carpenters. The young elephant, playing in the river, on hearing the sound of the drum, came and stood near the carpenters. The carpenters went to meet the king and said: „Lord, if you want timber why have you come yourself, ought you not to have sent (word) and made (us) bring it?“ „I have not come for timber, friends! but I have come for the sake of this elephant.“ „Take it and go, Lord!“ The young elephant did not choose to go. „What did the elephant do (for you), friends!“ He procures the carpenters their livelihood, O Lord!“„ Well, friends!“ so (saying) the king made 100,000 kahâpaṇa's to be placed near the elephant's four feet, near (his) trunk, (and) near (his) tail. By this (means) the elephant came (willingly), and when pairs of clothes had been given to all the carpenters, and petticoats and gowns to the wives of the carpenters, and gifts to the boys with whom he had played, he, after turning round and looking upon the carpenters and (their) wives and the boys, went (away) with the king. The king took him and went to the city, and having caused the city and the elephant-stable to be adorned and having made the elephant respectfully walk round the city, he let him enter the elephant-stable, and after adorning (him) with all ornaments and initiating (him), he made (him his own) conveyance, put him in the place of his own companion, gave the elephant half of the kingdom and bestowed (on him) honours similar to his own. From the time that the elephant had come, the sway over all Jambudîpa fell to the king. Thus as time passed on, Bodhisatta was begotten in the womb of the first queen of that king. At the time that her foetus was full-grown, the king died. If, however, the elephant had learned that the king was dead, his heart would at once break; therefore they served the elephant without apprising him of the king's death. On hearing that the king was dead, the nearest neighbour the king of Kosala, thinking: (now) the kingdom is vacant,“ came with a large army and surrounded the city. They, having closed the gates of the city, sent (the following) message to the king of Kosala: „our king's queen whose foetus is full-grown, will on the seventh day hence bear a son, so said the astrologers; if she bear a son, we shall on the seventh day do battle (and) not give up the kingdom, by that time come ye." The king (saying) well! consented. On the seventh day the queen bore a son. On the day when he was to receive a name, they gave him the name of prince Alinacitta, (saying:) „he is born commanding the undivided attention of the people". Now from the day on which he was born, the citizens (of Bārāṇasī) fought with the king of Kosala. (But) on account of the battle (being fought) without a leader, the fighting army although large was gradually enfeebled. The ministers having told the queen the matter, (said:) „we fear, while the army is thus becoming enfeebled, that it will be defeated, but the fortunate elephant, the king's companion, knows not that our king is dead, that a son has been born, that the king of Kosala has come and that we are fighting, shall we not tell him?" so they asked. She (saying) well! gave her consent, (and) after adorning (her) son (and) laying (him) on a coil of fine cloth she descended from the palace surrounded by a host of attendants, went to the elephant-stable, laid down Bodhisatta at the feet of the elephant and said: „Lord, thy companion is dead; we fearing to break thy heart did not tell (thee); this is the son of thy companion; the king of Kosala has come, and after surrounding the city is fighting with thy son, the army flags, kill thou thy son or take the kingdom and give it him." At that moment the elephant, after stroking Bodhisatta with (his) trunk, lifting (him) up (and) placing (him) on (one of his) frontal globes, after weeping (and) moaning, after taking Bodhisatta down (again, and) laying (him) in the queen's hands, went out of the elephant-stable (saying to himself: „I will catch the Kosala-king.“ Then his attendants, having clad (him) in mail and decked (him), and unlocked the gate of the city, went out surrounding him (on all sides). The elephant having gone out of the city, roared like (the demon) Koñca, terrified the multitude and put (them) to flight, scattered the camp of the army, seized the Kosala-king by the hair, carried (him) off and laid (him) at the feet of Bodhisatta, and having kept away those who had risen to kill him, he admonished (the king, saying:) „henceforth be careful, do not think: the prince is young,“ and sent (him) away. Thenceforth the supremacy over all Jambudipa passed into the hands of Bodhisatta, for no other foe was able to rise (against him). Bodhisatta, having been anointed at the time that he was seven years old and become king Alinacitta by name, reigned with justice, and at the end of (his) life fulfilled (his career and went) the way to heaven. Having told this story the Master became inspired and pronounced (the following) two verses:

1. „By Alinacitta
   the great army was gladdened,
   the Kosala-king (who was) not contented with his own
   he took prisoner alive.

2. Thus he who has got a refuge,
   the ascetic (who is) strong,
   cultivating what is good
   in order to attain to Nibbâna,
   obtains gradually
   the destruction of all ties.“

II, 16, 7. THE GUNA-JATAKA.

In (times) past, while Brahmadatta reigned in Baranasi, Bodhisatta having become a lion dwells in a mountain-cave. He one day having gone out of the cave looked down to the foot of the mountain. But surrounding the foot of the mountain there was a great lake. In one of the elevated places of (this) lake, on the surface of the solid mud there rose sweet green grass; and hares and nimble deer (such as) antelopes and others, roaming about on the top of the mud, eat that (grass). On that day a deer walks about eating the grass. The lion (said to himself:) „I will catch that deer", (and) so starting from the top of the mountain he rushed on with the vehemence of a lion. The deer stricken with fear of death, fled shrieking. The lion being unable to check (his own) speed, fell down on the mud, sank in, and not being able to get out he remained standing (there) without food for seven days, having put (his) four legs like posts (in the ground). Then a jackal seeking for prey, having seen him, fled. The lion calling him said: „Master jackal, do not flee! I have stuck fast in the mud, restore me to life!" The jackal going to his presence said: „I can draw thee out, (but) I fear that (when thou hast been) drawn out, thou wilt eat me." „Do not be afraid, I shall not eat thee, on the contrary I shall extol thy virtue, (so do) by some means extricate me. The jackal, after taking (the lion's) promise (not to do him any harm), removed the mud from around (his) four legs, and made by digging the four holes of the four legs (further) towards the water. The water pouring in made the mud soft. At this moment the jackal, entering under the lion's stomach, (said: „now) O Lord! make an effort," (and) so shrieking aloud he beat with (his) head (the lion's) stomach. The lion, after exerting himself, came out of the mud, sprang forward and stood on the solid (ground). After resting a little while, he descended into the lake, washed off the mud and bathed, whereupon having killed a buffalo, fixed (his) teeth (in him) and torn out (some) flesh, he placed it before the jackal (saying:) „eat friend!" and (only) when he (the jackal) had eaten, he himself afterwards ate. After that the jackal took a piece of flesh between his teeth, and when he was spoken to (by the lion) thus: „why (do you do) this, friend!" he said: „there is a female slave of yours, for her it shall be." The lion said: „take!" and having himself chosen a piece of flesh for the lioness (he said:) „come friend! after staying (a little while) at the top of our mountain we will go to the dwelling-place of (our) female friend", (and) so saying, after going there and making (his female friend) eat the flesh, and having consoled both the jackal and the jackal's mate, (he said:) „now I will watch over you", and so he conducted (them) to his own dwelling-place and made (them) thenceforth reside in another cave at the entrance of (his own) cave. Henceforth going (out) for prey, after leaving the lioness and the jackal's mate (at home), going with the jackal (only), they kill several deer, eat both the flesh thereof, and carry also (some of it) to the two others and give (it them). While time thus passed, the lioness bore two sons, (and so did) the jackal's mate also. They all lived in unanimity together. But one day this (thought) occurred to the lioness: „this lion is very fond of the jackal, the jackal's mate and the young ones of the jackal, surely he has intercourse with the jackal's mate, therefore he shows such affection (for them); surely I will vex this (jackal's mate), terrify (her) and drive (her) away from this (place)"; and so at the time when the lion, taking the jackal (with him), had gone (out) for prey, she vexed the jackal's mate, (and) terrified (her, saying:) „why dost thou live in this place, (why) dost thou not run away? Her sons also terrified in the same manner the sons of the jackal. The jackal's mate having told the jackal that occurrence, said: „at the lion's bidding, we know, she has done so, we have lived (here) long (enough), he will destroy us, let us go to our (own) dwelling-place. The jackal having heard her tale, went to the lion and said: „Lord, we have lived long in your presence, and those who stay too long become disliked; during the time we go out for prey the lioness vexes my mate (and) terrifies (her, saying:) „why do you dwell in this place, flee!" also the young lions terrify the young jackals; but he who does not like the stay of any other in his proximity (should say to him:) go! (and) so turn him out, of what use is such vexation, (and) so having said he pronounced the first stanza:

1. Whither (the strong lord) likes (thither) he bends (his servant),
   (such is) the nature of the strong (lords); lord of animals!
   (thou) who hast threatening teeth! know (this)!
   fear of (thee who art our) refuge has arisen.

Having heard his tale the lion said to the lioness: „my dear, thou rememberest that I, after going out for prey at such and such a time, came back on the seventh day together with the jackal and the jackal's mate." „Yes, I remember." „But dost thou know the cause of my not coming back during seven days?" „I know not, Lord." „My dear, I purposing to catch a deer made a mistake and and stuck fast in the mud; not being able to extricate myself I stayed seven days without food;

(but) I regained life by this jackal, he has given me life, and a companion (who is) able to stand (firm) in friendship is no weak friend, henceforth do not show such contempt towards my companion and (my) female companion and (their) sons", so having said the lion pronounced the second stanza:

2. If a friend, even if he be weak,
   stands (firm) in friendship, —
   such a one (is) a relative and a kinsman,
   such a one (is) a friend, such a one (is) my companion.
   O (lioness) with (strong) jaw-teeth! do not despise (them)!
   the jackal has restored me to life.

She having heard the lion's tale appeased the jackal's mate and thenceforth lived in concord with her and her sons; the young lions also, playing with the young jackals, did not even break (their) friendship at the time when (their) parents passed away, but lived joyfully together (with them). Indeed their friendship continued unbroken during seven generations.

II, 16, 8. THE SUHANU-JÀTAKA.

In (times) past, while Brahmadatta reigned at Bārāṇasi, Bodhisatta was his all-powerful minister who taught what was true and right. But the king was by nature a little covetous. He has a wicked horse, Mahāsoṇa by name. Then horse-dealers coming from the northern country brought (with them) five hundred horses. They told the king that the horses had arrived. Previously Bodhisatta had valued the horses and given the money without reduction. The king being displeased with this, called another minister and said: „dear (Sir), (do thou) value the horses, and after valuing (them) preliminarily, (and) having let Mahāsoṇa loose so that he enters amidst the horses, (and) having let (him) bite the horses and wound (them), do thou, reducing the money, value (them again) at the time of (their) weakness. He consented (saying) well! and did so. The horse-dealers becoming low-spirited told Bodhisatta what the horse had done. Bodhisatta asked: „is there in your town no wicked horse?“ „(Yes,) there is, Lord, a wicked, mischievous (and) vicious horse by name Suhanu.“ Then (when) coming again, bring that horse. They (saying) well! promised (to do so), and when returning, they came, after having taken the wicked horse (with them). The king having heard that the horse-dealers had arrived, opened the window, looked at the horses and let Mahāsoṇa loose. The horsedealers too, seeing Mahāsoṇa coming, let Suhanu loose. They having reached each other stood licking (each other's) bodies. The king asked Bodhisatta: „friend, these two wicked horses (which are) against others mischievous (and) vicious, after biting the horses, grow tired, (and) stood rejoicing together, licking (each other's) bodies mutually, what is this?“ Bodhisatta (answered:) „these (horses), O great king, (are) not of a different character, they (are) of a like character, of a like disposition, (and) so having said he pronounced this couple of stanzas:

1. This (is) not on account of a different character
(that) Suhanu (associates) with Soṇa,
Suhanu (is) just such a one
as has the same aim with Soṇa.

2. With the assaulting one, with the vicious one
with the one that always bites (his) tether
he associates, (what is) sinful associates
with (what is) sinful, (what is) wicked with (what is) wicked".

And having said so Bodhisatta again admonished the king thus: „O great king, (it is said:) 'a king must not be too covetous', so it behoves him not to spoil another's property", (and afterwards) having valued the horses he gave the money justly. The horse-dealers having obtained the money properly, went (away) glad and contented. The king, after standing (firm) in the admonition of Bodhisatta, passed away according to (his) deeds.

II, 16, 9. THE MORA-JĀTAKA.

In (times) past, while Brahmadatta reigned in Bārāṇasī, Bodhisatta having been conceived in the womb of a peacock (and) at the time of (his lying in the) egg being inclosed in an egg of a colour like that of a kaṇikāra-bud, after breaking the egg (and) having gone out, became of a golden hue, beautiful, engaging, (and) shining with nicely-coloured lines among the birds. He in order to protect (his) life having stepped over three rows of mountains, took up (his) abode on one of the mountain-plains of Daṇḍakahiraññā in the fourth mountain-row. Sitting on the top of the mountain while night faded away, he seeing the sun rising, in order to protect and shield himself in his own feeding-ground, composed a Brahma-hymn and said: „arises (now) this" etc.:

1. „Arises (now) this surveying, only king,
the golden-coloured, who illumes the earth;
therefore I worship thee, the golden-coloured;
may we now protected by thee pass the day!"

Having thus by this stanza worshiped the sun, Bodhisatta in a second stanza worships both the previous deceased wise, and the virtues of (these) wise (men):

2ᵃ. „The brahmaṇas who are skilful in every thing
those I worship, may they protect me;
worship be to the wise, worship be to wisdom,
worship to the liberated, worship to liberation!"

2ᵇ. Having uttered this (charm of) protection
the peacock wanders in search (of food).

Having thus wandered in the day (and) sitting at night on the top of the mountain (and) seeing the setting sun, he, after reflecting on the virtues of the wise, for the sake of protection and warding off (evil) in (his) dwelling-place, composed (again) a Brahma-hymn and said: „departs (now) this" etc.:

3. „Departs (now) this surveying, only king,
the golden-coloured, who illumes the earth;
therefore I worship thee, the golden-coloured;
may we now protected by thee pass the night!"

4ᵃ. The brāhmaṇas who are skilful in every thing
those I worship, may they protect me;
worship be to the wise, worship be to wisdom,
worship to the liberated, worship to liberation!"

4ᵇ. Having uttered this (charm of) protection
the peacock took up (his) abode.

Then a hunter who lived in a village of hunters not far from Bārāṇasī, roaming about in the region of Himavanta, after seeing Bodhisatta sitting on the top of the mountain Daṇḍakahiraññā, came and told (his) son. Now one day Khemā, the queen of the Bārāṇasī-king, having in a dream seen the golden-coloured peacock teaching dhamma, told the king (saying:) „O lord, I am desirous of hearing the golden-coloured peacock's dhamma". The king asked (his) ministers. The ministers said: „the brāhmaṇas will know." The brāhmaṇās having said: „(certainly) there are golden-coloured peacocks," and having been asked: „where are they?" they answered: „the hunters will know." The king having assembled the hunters, asked (them). Then that hunter's son (answered:) „certainly, O great king, there is a mountain by name Daṇḍakahiraññā, there dwells a golden-coloured peacock." „Well, bind that peacock without killing (him) and bring (him) hither." The hunter went and laid snares in his (the peacock's) feeding-ground. (But) the snare does not unite. The hunter after roaming about for seven years without being able to catch (him), died there. Khemā too, the queen, died without obtaining (her) wish. The king growing angry (and saying to himself:) „on account of my peacock the queen is dead", wrote on a golden plate: „in the region of Himavanta is the mountain Daṇḍakahiraññā, there dwells a golden-coloured peacock, those who eat his flesh become ever-young and immortal", and deposited the plate in a basket. When he was dead another king, after obtaining the kingdom and reading (what was written on) the golden plate, (said to himself:) „I will be ever-young and immortal," (and) so he sent another hunter off. He too having gone (but) not being able to catch Bodhisatta, died there. In this manner six successive kings passed away.

Then the seventh king having obtained the kingdom, sent off a hunter. He having gone, (but) seeing that the snare did not unite in the place trodden by Bodhisatta and (knowing) that he (Bodhisatta) had gone to (his) feeding-ground after uttering his (charm of) protection, went down to the boundary, caught a female peacock, taught her to dance to the sound of clapping of hands and sing to the sound of castanets, took her, went off, placed, in the morning before the peacock had uttered his (charm of) protection, the sticks of the snare, tied the snare, and made the female peacock sing. The peacock having heard the different female voice, became love-sick, went off without being able to utter his (charm of) protection, and was bound in the snare. The hunter took him, went away and gave him to the Bārāṇasī-king. The king seeing the perfection of his body, greatly delighted gave him a seat. Bodhisatta sitting down on the prepared seat, asked: „O great king, why did you let (him) catch me?" He said: „those who eat thy flesh become ever-young and immortal, (therefore) I being desirous to become ever-young and immortal after eating thy flesh, let (him) catch thee." „O great king, suppose that those who eat my flesh become ever-young and immortal, yet I am to die." „Certainly, thou must die." „When I die what are they to do, after eating my flesh, in order not to die?" „Thou art golden-coloured, therefore indeed those who eat thy flesh will become ever-young and immortal". „O great king, I have not without reason become golden-coloured, for having formerly become a universal king in this city I preserved the five virtues and made the inhabitants of all quarters of the world preserve (them); I therefore when I died, was born in the Tāvatiṁsa-world; having stayed there my term of life, on departing thence and being born in the womb of a peacock in consequence of another bad deed, I became golden-coloured by the power of (my) old virtues." „'Thou having become a universal king and preserved (thy) virtue becamest golden-coloured in consequence of (thy) virtues', how are we to believe this, is there any witness before us?" „There is, O great king." „Who then?" „O great king, I at the time of (my being) a universal king roamed about in the air sitting in a chariot made of gems; that chariot of mine was buried in the ground (in the midst) of the fortunate pond, let it be taken out of the fortunate pond, that will be my witness." The king (saying) well! promised (to do so), got the water drained out of the pond, took out the chariot and believed Bodhisatta. Bodhisatta having said: „O great king, with the exception of the great nibbāna (called) Amata all other things (on account of their) being created are unsubstantial, transient, of a perishable and decaying nature", and having taught the king dhamma, established him in the five virtues. The king (was) pleased (and) after honouring Bodhisatta with the kingdom he bestowed great honours (on him). He having given him the kingdom (back), after dwelling (there) a little while and admonishing (him saying:) „be attentive, O great king", rose into the air and went to the Daṇḍakahiraññа-mountain. The king standing (firm) in Bodhisatta's admonition, after giving gifts and doing other good deeds passed away according to his deeds!

II, 16, 10. THE VINILAKA-JĀTAKA.

Once upon a time while Videha reigned in Mithilā in the kingdom of Videha, Bodhisatta was conceived in the womb of his first queen, and when he had grown up and learned all arts in Takkasilā he was established in the kingdom on the death of his father. At that time a golden-coloured rājahaṁsa in the place where he took his food paired with a female crow. She bore a son. He was neither like the mother, nor the father. On account of his speckled appearance they called him Vinīlaka. The haṁsa-king went continually to see his son. He had, however, other sons, viz. two young haṁsas. They seeing their father continually going away to the world of men asked: „dear father, why do you continually go to the world of men?" „Dear sons, on account of my having paired with a female crow I have a son, his name is Vinīlaka, him I go to see". „Where do they live?" „They live not far off in Mithilā in the kingdom of Videha in such and such a place in the top of a fan palm". „Dear father, the world of men is full of danger and terror, do you not go, we will go and bring him hither. So the two young haṁsas according to the advice given them by their father went there and made Vinīlaka seat himself on a stick, whereupon after seizing with their beaks each end of the stick, they went away above the city of Mithilā. At the same moment the Videha-king, sitting in his splendid chariot with four entirely-white sindhu-horses drove round the city. On seeing him Vinīlaka thought: „what difference is there between me and the Videha-king, he is driving round the city sitting in a chariot with four sindhu-horses, I go on the other hand sitting in a chariot with haṁsas". While saying so and going in the air he pronounced the first stanza:

1. „Just in the same way, indeed,
do the noble horses draw
the Videha-king who lives in Mithila,
as the haṁsas carry Vinilaka."

On hearing his words the young haṁsas became angry, and they thought: „we will let him fall, and go our way," but then again saying to themselves: „if we do so what will our father say", and therefore fearing to be blamed they brought him to the presence of their father and told him what he (Vinilaka) had done. Then his father was angry with him and said: „art thou superior to my sons since thou, elevating thyself over my sons, makest them, as it were, horses before a chariot, thou knowest not thy own power, this place is not fit for thee, go to thy mother's dwelling-place", and so having censured him he pronounced the second stanza:

2. „Vinila, thou treadest on dangerous ground,
a place not fit for thee thou resortest to, my dear,
go to the places near the village,
that is the dwelling-place of thy mother."

Having censured him thus, he commanded his sons saying: „go and put him down on the dunghill of the city of Mithila." They did so.

NOTES.

1. RAJOVADA-J. Another Jātaka akin to this and bearing the same name (IV, 4, 4) I give in the Appendix. Aggamahesī S. agramahiṣī; mahesī is different from mahesi = mahā-isi S. maharṣi, see Dhp. p. 434; however, these two words have been confounded not only in Abhidhāna*), but, as it seems, also in the language itself, otherwise I do not see how to account for the e in mahesī. Kucchi, Abhidhāna v. 271, S. kukṣi, comp. Dhp. p. 100. Paṭisandhi = sandhi according to Abhidhāna v. 941, regeneration. Clough, Singh. Dict.: reunion of the soul with a body, birth, transmigration; comp. Journal of the Ceylon Branch of the R. A. S. 1870 p. 154: (Spiegel, Kv. p. 10) seyyathāpi puthusilā dvedhābhinnā appaṭisandhikā hoti, as a large broken rock cannot be re-united. S. prati + saṁ + dhā means to return, see Benfey's Dict. Parihāra is a difficult word, comp. Dasaratha-Jātaka p. 21; laddhagabbhaparihāra is an adjective to Bodhisatta, it is a bahuvrihi composed either of laddha-gabbhaparihāra = having received the conception-gift, or of laddhagabbha-parihāra = having (received) the gift (on account) of his being conceived. Mr. Childers translates: after receiving the honours paid to the child in the womb. Sotthi comp. Dhp. p. 363. Nipphatti not in Abhidhāna, but comp. nipphanna, Abhidhāna ed. Clough p. 101, 37, (Subhūti v. 748 reads: nippanna) = accomplished, S. niṣpanna. Samena

---

*) Subhūti reads: (pume) mahesī (sugate deviyaṁ nāriyaṁ matā). 1088.
Clough p. 132, 833: (pume) mahesī (sugate deviyaṁ nāriyaṁ matā).

is perhaps, = S. çamena, with tranquillity, without passion; comp. Dhp. p. 378 where samena is explained by aparādhānurūpen' eva pare nayati jayaṁ vā parājayaṁ vā, i. e. he awards to others victory or defeat according to their offence. Or is it to be referred to sama, equal, impartial? Chandādivasena agantvā, here the transcribers have confounded the text so that it is difficult to see what is the true reading. I have resolved chandādivasena into chanda + ādi + vasena, and consequently chosen the reading agantvā = not going by (desire), not following (his desire); the reading āgantvā I suppose has crept into the text, the transcriber having resolved chandādivasena into chandā-divasena not understanding the meaning of chanda, but as chanda according to Abhidhāna is never used as a feminine this analysis cannot be admitted; comp. the commentary on Dhp. vv. 236—237. Vohāra, Abhidhāna by Subhūti vv. 105. 117. 849; S. vyavahāra. Kūṭa = fraud, Abhidhāna v. 177; it is also used as an adjective in the sense of fraudulent, false, wicked (comp. below p. 42 kūṭassa), although not given as such in Abhidhāna; comp. B & R 10. Aṭṭa = cause, Abhidhāna v. 1196; Childers refers in his Dict. this word to S. artha, which commonly in Pāli becomes attha; why has the aspiration been dropped? It is the more strange that artha has become aṭṭa as there is already such a word with a quite different meaning; at Dhp. p. 220 read: kūṭaṭṭa. Uparava is not given in this sense in B. & R. Aṅgaṇa seems in Pāli as in Sanskrit to be written indifferently with a dental n or a lingual ṇ; Abhidhāna (by Clough p. 26, 21. 114, 31. by Subhūti v. 830) has both ṇ and (by Subhūti v. 218) n. Pacchijji the passive aorist of pa-chid, was split, destroyed. Chaḍḍ or chaḍḍh (Clough, Pali Verbs p. 13, 19) S. chard or chṛd. Vaṭṭati no doubt = S. vartati, although not used in Sanskrit in the sense of „it behoves“, comp. Five Jāt. p. 24. Pari + gah seems in Pāli to mean: to search, to inquire, to scrutinize; in proof of this I quote Jāt. 458: sace ayaṁ dīpo rakkhasapariggahito bhavissati sabbe vināsaṁ pāpuṇissāma, pariganhissāma tāva nan ti (MS. tāvan ti)“; atha satta purisā sūrā balavanto sannaddhapañcāyudhā hutvā otaritvā dīpakaṁ pariganhiṁsu; comp. Dhp. p. 121 bottom. Jāt. 511: taṁ evaṁ paridevamānaṁ disvā Sotthiseno cintesi: „ayam ativiya paridevati, na kho pan' assā bhāvaṁ jānāmi, sace mayi sinehena ekaṁ (etaṁ?) karoti hadayam pi 'ssa phaleyya, pariganhissāmi tāva nan“ ti. Jāt. 447: atīte Bārāṇasiyaṁ Brahmadatte rajjaṁ kārente Bodhisatto Himavantapadese hatthiyoniyaṁ nibbattitvā (MS. nibbattetvā) sabbaseto ahosi abhirūpo asītihatthisahassaparivāro, mātā pan' assa andhā; so dhuramadhurāni phalāphalāni hatthīnaṁ (hatthinaṁ?) datvā mātu peseti, hatthī (MS. hatthi) tassā adatvā attanā va khādanti, so pariganhanto taṁ pavattiṁ ñatvā yūthaṁ (MS. yūtaṁ) chaḍḍhetvā „mātaram me posessāmīti“ rattibhāge aññesaṁ hatthīnaṁ ajānantānaṁ mātaram gahetvā Caṇḍoraṇapabbatapādaṁ gantvā ekaṁ naliniṁ upanissāya ṭhitāya pabbataguhāya mātaraṁ ṭhāpetvā posesi (MS. pesesi). Jāt. 465: idaṁ Satthā Jetavane viharanto Kosalarañño atthacaraṁ amaccaṁ ārabbha kathesi; so kira rañño bahūpakāro ahosi, ath' assa rājā atirekasammānaṁ kāresi, avasesā naṁ asahamānā „deva, asuko amacco tumhakaṁ anatthakārako“ ti paribhindiṁsu; rājā taṁ pariganhanto kiñci dosaṁ adisvā „ahaṁ imassa kiñci dosaṁ na passāmi, kathaṁ nu kho sakkā (MS. sakkhā) mayā imassa mittabhāvaṁ vā (add: amittabhāvaṁ vā) jānitun“ ti cintetvā „imaṁ pañhaṁ ṭhapetvā Tathāgataṁ añño jānituṁ na sakkhissati, gantvā pucchissāmīti“. Antovalañjaka and bahivalañjanaka I have translated conjecturally; I suppose these words are derived from valañja (Singhalese valanda = a sign, a mark, a spot etc.) from which padavalañja (see Journal R. A. S. 1870 p. 13) meaning foot-print, footstep; valañjaka or valañjanaka must therefore, I think, mean: one who follows in the steps of another, a follower. I fear I have wrongly (in Journal R. A. S.) referred valañja to S. vyañjana, I now believe, it is simply derived from lañj and lañja with the preposition ava apocopated, comp. vajalla Dhp. p. 306; Abhidhâna v. 55 lañchana = S. läñchana. Paṭicchāpeti causative of paṭi + is = S. prati-iṣ. Aññātaka = S. ajñātaka, aññātakavesena = in disguise; Jāt. 409: rattibhāge aññātakavesena palāyitvā araññaṁ pāvisi. Paccanta, Abhidhâna v. 188, S. pratyanta. Ninna = S. nimna, comp. Dhp. v. 98. Ukkamaṇa = S. utkramaṇa, see B. & R. Ambho, Abhidhāna v. 1189, S. bho. Kira, Abhidh. v. 1189, Clough's Pali Gram. p. 72, = S. kila, comp. Burnouf's Yazna 1 T. 1 p. notes XLIX. Okāsa, Abidh. v. 1101, = S. avakāça. Dahara, Abidh. v. 258, comp. B. & R. and Benfey. Mahallaka, Abhidh. vv. 254, 1014; what is the etymology of this word? Wilson derives it from Arabic. Sanniṭṭhāna must be identical with the Singhalese sanniṭuhan which by Clough is rendered: thought, mind, reflection; mark, token. In accordance with this sense of the word, sanniṭṭhānakāle at Five Jāt. p. 10 l. 1 fr. the bottom must be understood. Sīlavanta, comp. Dhp. vv. 110, 400; as to the regular formation of comparative: sīlavanta-tara see Kaccāyana par Senart I, p. 196, the irregular one is mentioned in the same book p. 123. Daḷhassa, the parallelism shows that the genitive is here used in the sense of instrumental, comp. p. 26, 6: cātiṁ āharāpetvā udakassa pūretvā. Āma, Abhidh. v. 1144, = S. āṁ. Akkodhena, comp. Dhp. v. 223. In the Calc.

Edit. of Mahābh. (5, 1518) this verse is found in its Sanscrit shape as follows:

Akrodhena jayet krodhaṁ,
asādhuṁ sādhunā jayet,
jayet kadaryyaṁ dānena,
jayet satyena cānṛtaṁ.

Ovāda, Abhidh. v. 854, = S. avavāda, comp. Burnouf's Lotus p. 304. Pariyosāna, Abhidh. v. 771, = S. paryavasāna. Saggapada is a parallel to saggapatha, so I find in Jāt. 416: rājā tathā katvā saggapathaṁ pūresi, Jāt. 445: tato paṭṭhāya loke maṁgalaṁ pākaṭaṁ ahosi, maṁgalesu (MS. maṁlesu) vattitvā matamatā saggapathaṁ pūresuṁ; for this reason I took pada in the sense of „way, road", but I am afraid I have been wrong in this view, and am now inclined to think that patha in this combination is to be understood in the same way as in uttarāpatha (comp. uttarāpathaka p. 42, l. 15), manussapatha etc. about the place; saggapada would then mean the place of heaven, and s. pūresi he filled his place or took his seat in heaven; as to the use of pūreti in this sense I quote Jāt. 461: Kassapasammāsambuddhe catusaccadesanāya mahājanaṁ bandhanā mocetvā Nibbānanagaraṁ pūretvā parinibbute, Jāt. 524: te sabbe pi dhammena rajjaṁ kāretvā āyupariyosāne devanagaraṁ pūrayiṁsu, and Vessantara-Jātaka:

pūretvā bodhisambhāre
Buddho hessaṁ anāgate,
desetvā jantunaṁ dhammaṁ
pūrayissaṁ sivaṁ padaṁ.

2. SIGĀLA-J. Kaniṭṭha, Abhidh. v. 699 very small, very young. Infra they are called bhātikā. Phalika I suppose

to be identical with S. sphaṭika, comp. Singhalese palingu, crystal, the common rock crystal (Clough's Dict.). Mātāpitunnaṁ, this genitive is not noticed in Kaccāyana who has got the doubling of n only in the numerals etc., see Senart pp. 39, 50. Lokāmisa (comp. Dhp. v. 378): I suppose to be the same with „the lust of the flesh" in the N. T. (1 Joh. 2, 16), lokāmisapaṭisaṁyutta, connected with carnal lust, worldly. Evarūpa = S. evaṁrūpa. Pajāpati or -ti as a feminine means in Pāli „wife", see Abhidh. vv. 237, 1000; not used in S. in this sense. Kilesa, klesa, means in Pāli not only „pain, distress", but also „love, passion," and as this is looked upon as a contamination, lastly „dirt"; Jāt. 61: ath' assa tasmiṁ māṇave punappuna vaṇṇayamāne „ayaṁ mayā saddhiṁ abhiramitukāmo bhavissatīti" andhāya jarājiṇṇāya (MS. -jiṇṇaya) abbhantare kileso uppajji. Jāt. 401: Tadā pana Sāvatthiyaṁ pañcasatasahāyakā pabbajitvā antokoṭisanthāre vasamānā aḍḍharattasamaye kāmavitakkaṁ vitakkayiṁsu; Satthā attano sāvake rattiyā tayo vāre divasassa tayo vāre rattiṁdivaṁ cha vāre olokento kiki va aṇḍaṁ viya camarī va vāladhiṁ viya mātā piyaputtaṁ viya ekacakkhuko puriso cakkhuṁ viya rakkhati, tasmiṁ yeva (MS. khayeva) khaṇe uppannakilesaṁ niggaṇhāti; so taṁ divasaṁ aḍḍharattasamaye Jetavanaṁ pariganhanto tesaṁ bhikkhunaṁ vitakkasamudācāraṁ ñatvā „imesaṁ bhikkhūnaṁ abbhantare ayaṁ kileso vaḍḍhanto arahattassa hetuṁ chindissati, idān' eva nesaṁ kilesaṁ niggaṇhitvā arahattaṁ dassāmīti" gandhakuṭito nikkhamitvā Ānandattheraṁ pakkositvā „Ānanda, antokoṭisanthāre vasanabhikkhū sabbe va sannipātehīti" sannipātetvā paññattabuddhāsane nisīdi; „bhikkhave, antopavattakilesānaṁ vase vattituṁ na vaṭṭati, kileso hi vaḍḍhamāno paccāmitto viya mahāvināsaṁ pāpeti, bhikkhunā nāma appakam pi kilesaṁ niggaṇhituṁ vaṭṭati, porāṇakapaṇḍitā appamattakaṁ ārammaṇaṁ disvā abbhantare pavattitakilesaṁ niggaṇhitvā paccekabodhiṁ nibbattesuṁ" ti vatva attitaṁ āhari. Jāt. 426: so dhītaraṁ gahetvā tattha gantvā isiṁ vanditvā paṭisanthāraṁ katvā devaccharapaṭibhāgaṁ rājadhītaraṁ tassa dassetvā ekamantaṁ aṭṭhāsi; so indriyāni bhinditvā taṁ olokesi sah' olokanen' eva paṭibaddhacitto hutvā jhānā parihāyi; amacco tassa paṭibaddhabhāvaṁ ñatvā „bhante, sace kira yaññaṁ yajissatha rājā vo imaṁ pādaparicārikaṁ katvā dassati;" so kilesavasena (MS. kilesā-) kampento „imaṁ kira me dassatīti" āha. Jāt. 537: atha naṁ mahāsatto „kiliṭṭhasarīro 'smi, nahāyāmi tāvā" 'ti āha. Dhp. p. 224 l. 9: „kiliṭṭhagatto 'mhi, nahāyissāmi tāva" 'ti āha. Jāt. 523: kiliṭṭhacīvaro. Patikuṭṭho = S. pratikruṣṭa, B. & R. elend, erbärmlich; comp. Dhp. v. 164. Asabbha, comp. Dhp. v. 77. Anucchavika, suitable, fit, Abhidh. v. 713; is this word to be derived from chavi? Sannirumhitvā I take for a rarer, prakriticizing (comp. Lassen, Inst. Linguæ Prakr. p. 239) form instead of sannirundhitvā; compare Mahāummaga-Jāt.: „deva, mayaṁ senaṁ saṁkaḍḍhitvā paṭhamaṁ khuddakanagaraṁ rumbhitvā gaṇhissāma" with Jāt. 100: so mātu sāsanaṁ sutvā satta divasani sañcaraṁ pacchinditvā nagaraṁ rundhi. Āgacchantu, the reading of B, is perhaps better on account of tāva. Amma is, I think, = S. amba, see B. & R. Ācikkhi aorist of ā+cikkh = S. ā+cakṣ. Saññin would in S. be saṁjñin; comp. Mahāvaṁsa p. 33, 8: sadā maraṇasaññino, incessantly meditating on death; saññā, Abhidh. vv. 114, 874, knowledge, name, thought, S. saṁjñā, comp. saññaṁ mā kari infra p. 29, 15, and etho ti saññaya Five Jat. p. 15, 2. 37, 22. Kāraṇa is in Abhidh. (by Clough p. 145, 884, by Subhūti v. 1101) given as a synonym to okāsa and translated by Clough „an event," this meaning it seems really to have in many passages, comp. Five Jāt. p. 2, 8. Pariggaṇhanapaññā, see Dasaratha-Jat. p. 26. Samekkhita participle of sam+ikkh = S. sam+ix. Kammanta = S. karmānta. Turita, Abhidh. vv. 40, 379, = S. tvarita. Tappenti is a strange form of the causative, I do not know whether it is to be considered as formed from the passive voice or whether only the long vowel in the regular causative tāpenti has been compensated by the reduplication of the following consonant, in the same way as thūla (S. sthūla) may become thulla, comp. Dhp. p. 313. Uṇha, Abhidh. v. 40, comp. Dhp. p. 101. Tikkhattuṁ, S. tri-kṛtvas. Ninnāda you would suppose to be a mistake instead of ninnāda Abhidh. v. 128, but all my MSS. write it with two n's; a corresponding nirnāda is not found in Sanskrit. Abhisambuddha means according to Vyutp. (see B. & R.) „zur Bodhi erlangt"; comp. Dasaratha-Jat. p. 29. Daddara I ought perhaps to have written with a capital, for from the commentary on our verse (compared with Five Jāt. p. 47) it seems to be another name for Rajatapabbata. Nigghosa, Abhidh. v. 128, = S. nirghoṣa. Āpadi, comp. Dhp. v. 372. Apphali, aorist of phal, with the reduplication of the consonant either for the sake of the metre or on account of a latent s (see Benfey's Dict.).

3. SŪKARA-J. Akin to this Jataka are JJ. 278. 280. 484. Nissāya, Dhp. p. 332. Yāvadattha, S. yāvadartha. Thulla for thūla, Abhidh. v. 701, see the note above. Gocara, see Five Jat. p. 37. Passa, Abhidh. v. 964, S. pārçva. Avhayanta instead of ahvayanto from ā+hve, see Dhp. p. 101. Samma, see Five Jāt. p. 37. Catuppada presuppores a Sanscrit form caturpada; catuṣpada would become catupphada. Saṁgāma, Abhidh. v. 400. S. saṁgrāma. Pavatti, S. pravṛtti, Five Jat. p. 39. Tasita, S. trasta. Ukkāra, Abhidh. v. 973, in S. utkara and avaskara. Ussāva, comp. Dhp. p. 268. Uparivāte or

upari vāte? Lesa is in Abbidh. v. 1108 rendered by the Singhalese (Sanskritic) vyāja, fraud, deceit, and in Mahavaṁsa p. 150, • by stratagem; it must be derived from las (laṣ, laç). In Sanskrit it seems not to be used in this sense. Vāsi, blowest thou, i. e. smellest thou.

4. URAGA-J. Samajja is here and elsewhere used as a neuter, but in Abhidh. v. 414 it is given only as a feminine = S. samajya. Supaṇṇa, S. suparṇa. Saññani aorist of saṁ + ña = S. saṁ + jñā. Daratha = dara which according to Subhūti and Clough (Abhidh. v. 1111) means „bodily pain, fear"; Jāt. 537: daran ti kāyadarathaṁ, Jāt. 346 (see: Dasaratha-J. p. 33) daran ti sokadarathaṁ, Jat. 503: apetadaratho vigatakāyacittadaratho, sudhābhojanaṁ bhuttassa viya hi tassa taṁ sabbadarathaṁ apahari. Paṭippassambhana must, I suppose, be referred to sambh, S. sṛmbh. Sāṭika (-ikā?) or saṭi (commonly sāṭaka, Abhidh. v. 290, S. çaṭaka), Jāt. 75: „Ānanda, Buddha-balaṁ nama mahantaṁ, āhara tvaṁ udakasāṭikan" ti, thero āharitvā adāsi; Satthā eken' antena udakasāṭiṁ nivāsetva eken' antena sarīraṁ pārupitvā „Jetavana-pokkharaṇiyaṁ nahāyissāmīti" sopane aṭṭhasi. Vakkala, Abbidh. v. 442, S. valkala. Maṇikkhandha I translated „a set of jewels" in my Five Jātakas p. 24, but according to Prof. Benfey (Gött. gel. Anz. 1862 p. 358) it means a magic jewel (Wunderjuwel). Antara seems to convey the meaning of „under" in vakkalantaraṁ pāvisi and udarantaraṁ pavisitvā p. 36, in the space between the garment and the earth, between the stomach and the earth. Garu, Abbidh. v. 101, 840 (Clough: guru). Bhante is a dialectical form for bhanto (contracted from bhavanto, comp. in Māgadhī karemi bhaṁte = karomi bhavantah (Weber in Kuhn & Schleicher's Beiträge Bd. 2 p. 362). „Those who confine their grammatical studies in Pāli" to merely re-

peating by rote the forms of the words as given by the native grammarians (see Alwis' Attanagalu-Vansa p. 12) can of course give no explanation of such a difficult form as bhante as they do not even know what the question is; the most plausible explanation is that given by Storch (De declinatione nominum in lingua palica 1858 p. 10, comp. Weber in Kuhn & Schl.s Beiträge 1863 Bd. 3 p. 395 follow.). Chāta, Abhidh. v. 756, hungry, Mr. Childers refers to S. psāta, eaten, but may it not rather be referred to a Sanscrit form x̣āta from x̣al, tabescere. Bollensen (Z. d. d. morg. Ges. 18, 834) takes S. x̣āyati to be identical with P. jhāyati, and has in this opinion been followed by Garrez (Z. d. d. morg. Ges. 19, 809) and Benfey (Gött. gel. Anz. 1866 p. 167); but it is a well-known fact that x̣ in Sanscrit becomes in Pāli either kkh, kh, or cch, ch: cax̣ṇs, rax̣aṇa, vṛx̣a, bhix̣u = cakkhu, rakkhaṇa, rukkha, bhikkhu; x̣ipra, x̣udra, x̣ema, sūx̣ma = khippa, khudda, khema, sukhuma; tax̣aka, kux̣i, x̣ama, x̣udra, x̣urikā = tacchaka, kucchi, chama, chuddha, churikā. That Prakrit jhiṇa is S. x̣iṇa is by no means sure, for it is also rendered by jirṇa and hina; I should rather take it to be = jirṇa as jhar (jhṝ) is given as a form of jar (jṝ). Starting from the above rule and knowing no instance of S. x̣ becoming in Pāli jh, I now venture upon the following explanation of the Pāli verb jhāyati. Garrez has justly pointed out that the meaning of jhāyati clearly is „to burn", this seems to show that jhāyati must be referred to dah. Now causative in Pāli may be formed from the present tense by adding aya or apaya (vijjhapeti = vedhayati), in this manner we get dahyayati and dahyapayati, and when these forms have been contracted, the vowel a being elided and the aspiration thrown back upon d, as bhūyaṁs from bahu, we have dhyayati i. e. jhayati. The only thing for which I cannot account is the long a, but may we not assume that this has originated in the verb being confounded with jhäyati (S. dhyāyati), to think? The causative is in Pali very often used in the sense of verb. simpl. **Sela**, Abhidh. v. 605, S. çaila, a mountain, here according to the commentary = maṇi. **Brahma** is according to the commentary = seṭṭha, in the same sense it is understood in the following verses of Suttanipāta:

v. 151. Tiṭṭhaṁ caraṁ nisinno vā
sayano vā yāvat' assa vigatamiddho
etaṁ satiṁ adhiṭṭheyya,
brahmam etaṁ vihāraṁ idha-m-āhu.

v. 285. Na pasū brāhmaṇān' āsuṁ
na hiraññaṁ na dhāniyaṁ,
sajjhāyadhanadhaññāsuṁ,
brahmaṁ nidhim apālayuṁ.

It is clearly here an adjective, but it is not always easily to be seen whether it is an adjective or a substantive; what does it mean in the following passages: aṭṭhaṅgasamannāgatena savaniyena kamaniyena **brahmassarena** nānānayavicittaṁ madhuradhammakathaṁ kathesi Jāt. 1, madhurena **brahmassarena** bhikkhū āmantetvā Jāt. 4, sumadhuraṁ **brahmassaraṁ** nicchāretvā Jāt. 525. Alwis translates (see Pāli Translations p. 14) **brahmaghosa** by „the highest voice“, and Gorresio (Ram. 3, 6, 7) the same word by „canto dei Vedi“, but in a passage like this yāvajīvaṁ brahmavihāre bhāvetvā Brahmaloka-parāyano ahosi Jāt. 427, 435, it seems to have some connection with Brahman. **Vitarāsi** for vitarasi, the vowel a having been lengthened on account of the metre.

5. GAGGA-J. **Padesika** is, I suppose, to convey the meaning of the approximative. **Bhaṇḍa**, Abhidh. v. 991,

Clough's P. Gr. p. 90 goods, S. bhāṇḍa. **Ukkhipāpetvā** having made him throw up, take up, comp. ukkhipitvā infra p. 26, 9. 29, 6. Dasaratha-Jāt. p. 4, 11. Monatsbericht der Berliner Akademie 1858 p. 2. **Phalaka**, Abhidh. vv. 220, 399, 1128, shield, threshold; Jāt. 529: Sutasomo maggaṁ gantvā nagaradvāre sāláya phalake vissamanatthāya nisīdi, Brahmadattakumāro pi gantvā tena saddhiṁ ekaphalake (MS. -palake) nisīdi; it means perhaps rather a bench. **Adhivattha** participle of adhi+vas, also vusita, vuttha, vide supra p. 38, 8, Kacc. par Senart I, 291, S. uṣita. **Vessavaṇa**, Abhidh. v. 32, S. Vaiçravaṇa. **Khip** = S. kṣu to sneeze, B. & R. **Piṭṭhavaṁsa**. S. pṛṣṭhavaṁsa, the back-bone, must here be some architectural term. **Thūpa** m. f., Abhidh. v. 220, S. sthūṇā. **Ānubhāva**, see Five Jāt. p. 23. **Sarado**, this is an old form, only used, I suppose, in poetical style; it is the accus. plur. of sarad, S. çarad, and sarado will correspond with S. çaradas, comp. manaso etc. Kacc. par Senart I, 92, 94; in Abhidh. v. 81 we find the later, extended form sarada. **Sakkā**, S. çakya, is in Pāli indeclinable, comp. Clough's P. Gr. p. 72, Dhp. v. 188. **Bho**, Kaccāyana par Senart p. 114, Abhidh. v. 1139, B. & R. **Kakkhaḷa**, S. kakkaṭa; Abhidh. (Clough p. 96, 21, Subhūti v. 714) has kakkhaṭa. **Paravihiṁsaka**, comp. Jāt. 378:

Dānaṁ sīlaṁ pariccāgaṁ
ajjavaṁ maddavaṁ tapaṁ
akkodhaṁ avihiṁsā ca
khanti ca avirodhanaṁ.

Icc' ete kusale dhamme
ṭhite passāmi attani,
tato me jāyate pīti
somanassañ c' anappakaṁ.

Vihiṁsa and avihiṁsā bhūtanaṁ in Wilson's paper on the Rock Inscriptions pp. 22—23. Tamotama, from tamas + tama Abhidh. vv. 70, 875, I have translated conjecturally, having no other quotations for it. Pāṇatipāta, comp. pāṇārambha in the Rock Inscriptions (Wilson pp. 22, 61). Pesanakaraka, B. & R. preṣaṇakṛt. Māṇava, Abhidh. v. 953, a young man or youth.

6. ALĪNACITTA-J. Vaḍḍhaki or vaḍḍhaki, S. vardhaki or vardhakin, Abhidh. v. 506. Uparisotaṁ, it is very difficult to decide whether this and other similar words are to be considered one or two words. Koṭṭetvā from kuṭ, is always written with two ṭ in Pāli; comp. infra p. 34, a. Sajjeti caus. of sajj = S. sṛj. Khandhāvāra, S. skandhāvāra, it is not clear what the meaning of this word is here. Khadira, Abhidh. v. 561 Khayar, Mimosa Catechu, a sort of thorn. Khanuka, see J. R. A. Soc. 1870 p. 13, Abhidh. v. 549. Uddhumāyitvā, comp. Five Jāt. 37. Pubba, Abhidh. vv. 825, 950 = pūya. Phāsuka, Five Jāt. p. 24. Āroga, Five Jāt. 23. Soṇḍa, Abhidh. vv. 863, 988, S. çuṇḍa. Voṭh, S. veṣṭ. Kāḷasutta I take to mean a black (tarred?) rope; in the sense of black kāla is commonly written kāḷa. Vejja, Abhidh. v. 839, S. vaidya. Passāva, Abhidh. v. 975, S. prasrāva. Naṅguṭṭha, Abhidh. v. 811, seems to correspond to S. lāṅgula, comp. naṅgala = S. lāṅgala. Paripantha is not found in Sanscrit; as the derived words paripanthin and paripanthaka mean „opposer, enemy" I presume it means „obstacle, hindrance"; Jāt. 379: assa manusse sīhādayo vāḷā gaṇhanti, dīghajātikaparipantho hoti, makkhikaparipantho va hoti, sitena kilamitvā bahū (MS. bahu) maranti; Jāt. 524: Nandapaṇḍito pi „mā bhāyi, mahārājā" 'ti assāsetvā Kosalassa santikaṁ gantvā „mahārāja, mā bhāyi,

n' atthi te paripantho, tava rajjaṁ tav' eva bhavissati, kevalaṁ Manojaraññño vasavatti (MS. -tti) hohîti" âha; Jât. 535: ath' assâ etad ahosi: „mayâ kakkhaḷo pâpasupino diṭṭho, catunnaṁ vâ me puttânaṁ Dhataraṭṭharañño vâ mama vâ paripanthena bhavitabban" ti; Jât. 513: râjâ nesâde pakkosâpetvâ pucchi; nesâdâ „mahârâja, ekaṁ ulûkaṇḍaṁ ekaṁ sâlikâya aṇḍaṁ ekaṁ sukaṇḍan" ti kathayiṁsu; „kiṁ pana ekasmiṁ kulâvake tiṇṇaṁ sakuṇikânaṁ aṇḍani hontîti"; „âma, deva, paripanthe (MS. paripante) asati suṇikkhittâni na nassantîti"; râjâ tussitvâ „ime mama puttâ bhavissantîti" tâni tîṇi aṇḍâni tayo amacce paṭicchâpetvâ „ime mayhaṁ putta bhavissanti, tumhe sâdhukaṁ paṭijaggitva aṇḍakosato nikkantakale mama âroceyyâthâ" 'ti âha. Caṭi, „a chatty or earthenware vessel, a jar, waterpot", see Childers' Dict. After siñcâpesuṁ add: Sarîrâni sugandhâni ahesuṁ. Tasmiṁ kâle te nadiṁ otaritvâ nahâyiṁsu which I had not noticed that the compositor had overlooked. As for the meaning of the text, it is quite unaccountable that the same thing that is looked upon as a nuisance from which the elephants run away can make them sweet-smelling afterwards and cause them again to go down into the water. Nâvâ saṁghâṭa I have translated conjecturally; according to Abhidh. vv. 223, 1134 saṁghâṭa means „a pair; the principal upright timber of a house" which will not suit here; it must be derived from saṁ + ghaṭ in the caus. to join, and therefore I think it means „a raft"; Jât. 400: bahû nâvasaṁghâṭe bandhâpetvâ vanacarakehi desitamaggena uddhasotaṁ agamasi. Bhaṇe is used as an interjection of about the same sense as bhante; in Mr. Childers' opinion it is the 1 person. Attanop. from bhaṇ and means „I say". Kârâpeel, I do not know whether I am right in taking this in the meaning of verb. simpl., but causative, even in its extended form, seems much oftener in Pāli than in Sanscrit to be used in this manner. Posāvanika I have translated conjecturally, I can find no corresponding word in Sanscrit, and have only two more quotations for it, in Jāt. 411 it occurs as an adjective written three times posāvanika, three times posāvaniyaka, and once posāvaniya as also in Jāt. 338 (tasmiṁ ca kāle rājakule posavaniyabyaggho atthi), but its meaning does not appear from the context; comp. posāvana at Dhp. p. 162, 22 and p. 163, 22. Dussa, Abhidh. v. 290, S. dūṣya. Abhisekaṁ datvā I ought to have translated „inaugurated" and not initiated, the elephant is put on a level with the king, and made his comrade (sahāya). Opavayha, Abhidh. v. 366, S. aupavāhya. Upaḍḍha means in Pāli the same as addha or aḍḍha, Abhidh. v. 58, comp. Dasaratha-Jāt. 4, 11. Ninnāyakattā, S. nirnāyakatvāt. Osakkati, am I wrong in referring this to S. ava + çak? comp. parisakkati J. R. A. S. 1870 p. 8. Parajjhana seems according to the context to mean defeat, but I am quite at a loss to guess the derivation of this word, unless it should be referred to pra + rādh or apa + rādh. Cumbaṭa, Abhidh. v. 458 cumbaṭaka, a piece of cloth rolled up to serve as a stand for a vessel, comp. J. R. A. S. 1870 p. 7. Tvaṁ ñeva = tvaṁ yeva, comp. Kaccāyana par Senart pp. 23—24. Avāpuritvā is, Mr. Childers tells me, to be referred to S. ava + ā + vṛ, he compares avāpuraṇa a key, Abhidh. v. 229, and pāpuraṇa. Koñcanāda, has this word anything to do with the demon Krauñca (Benfey's Dict.)? In Abhidh. v. 119 it is written kuñcanāda „the roaring of elephants;" Abhidh. v. 132 koñcā (herons) are said to produce the tone called „majjhima". Koṭṭaka, so all the MSS., comp. koṭṭa in B. & R.s and Benfey's Dict.; at Mahāvaṁsa p. 154, 1 you will find balakoṭṭhaka. Saññā, see note on saññin supra. Paṭisattu, S. pratiçatru, comp. Five Jāt. p. 23.

7. GUṆA-J. Akin to this Jataka is J. 254. With the introduction comp. Dhp. p. 174. Thaddha, S. stabdha. Sallahuka, Abhidh. v. 710. Kalala, Abhidh. v. 661. Pasuta, Dhp. vv. 166, 181. Mātikā, Abhidh. v. 1097 „a text; a stream"; comp. Burnouf's Introd. pp. 48, 317. Antara, vide supra. Ovijjhitvā from ava + vyadh. Ubbattetvā from ud + vṛt. Gaṇhāhi B, if gaṇhasi should be right it must be a conjunctive or contraction of gaṇheyyāsi. Pabbatamuddhaniṭhatvā must be referred to sakhiyā „who has remained at the top of the mountain", since it has been placed between ambhākaṁ and sakhiyā, and not, as I have done in my translation, to gamissāma. Aññissa has been inflected in accordance with imissā, comp. Kaccayana par Senart p. 90. Gacchanto-ubho-denti, the construction is here, as will be seen, not quite correct, the subject changing from singular to plural; but perhaps the gerund in Pāli may be used with a nominative as subject, I owe this observation to Mr. Trenckner who adduces a similar passage in Five Jāt. p. 53, 6. Samagga, S. samagra, in Pali commonly used in the sense of „unanimous", comp. Spiegel's Kw. p. 35, 5 from the bottom, Mahawaṁsa pp. 3, 7, 42, 7, Dhp. v. 194. Yan = yad, as in Sanscrit used as introduction to a direct sentence. Yenakāmaṁ, comp. yenicchakaṁ Dhp. v. 326. In translating the verse I have followed the former interpretation of the commentator who seems to take unna as if derived from ud + na and meaning the same as unnata raised, high; but the latter interpretation seems more plausible, although we must then against all the MSS. read unnadanti: the lioness (migī) roaring aloud (unnadanti) bends (paṇāmeti) us according to her caprices (yenakāmaṁ), for such is the nature of the strong. Āma yes, Abhidh. v. 1144. Virajjhitvā from vi + rādh, comp. Five Jāt. p. 10, 18; B. & R. translate virādhana „Mislingen".

Dāṭhinī fem. of dāṭhin from dāṭhā Abbidhāna v. 941 = dantabhedasmiṁ i. e. a particular kind of teeth. Dāṭhā or dāṭha must be identical with the Sanscritic daḍhā which in Hemac. by Boehtl. & Rieu p. 106 is rendered by „Augenzahn" (B. & R. „Fangzahn") and by Wilson „a large tooth, a tusk", but by Molesworth (Mahr. Dict.) „a jaw-tooth, a grinder"; this latter translation, however, must be wrong, and I ought to have translated it: „with (large) fangs". Sammodamāna, see J. R. A. S. 1870 p. 8. Parivaṭṭa, S. parivarta.

8. SUHANU-J. Sabbatthaka I have understood as being derived from sarva + arthaka, but the commentators seem to derive it from the adv. sabbattha = sarvatra, comp. Dhp. p. 254, 17, and the following passage from Papañcasūdanī: sati hi cittaṁ uddhaccapakkhikanaṁ saddhaviriyapaññanaṁ vasena uddhaccapātato kosajjapakkhikena samādhinā kosajjapatato rakkhati, tasmā sa lonadhūpanaṁ viya savyañjanesu sabbakammikaamacco viya sabbarājakiccesu sabbattha icchitabbā, tenāha: sati ca pana sabbatthikā vuttā. Mūla, „price; money", Abhidh. v. 471. Paṭhamaṁ I have combined with agghāpetvā, but it might also be referred to the following sentence. The construction of the whole passage seems not the best. Sīhapañjara, Abhidh. v. 216. Gelañña derived from gilāna = S. glāna. Suhanus, the old nominative has in this instance been retained; it is a well known fact that the poetical style of any language always keeps up the old forms. The second verse I have not punctuated because I am not sure I have understood it rightly. Sahā must be an older form of saha. Pakkhandinā pagabbhena, comp. Dhp. v. 244. Asaṁ = asat. Bhūtaṁ and yathāsabhāvaṁ seem to be used adverbially in the sense of „duly, justly."

9. MORA-J. Comp. p.110. Kaṇikāra, Abhidh. v. 570, is sometimes written kaṇṇikāra = S. karṇikāra. Kaṇikāramakulavaṇṇaaṇḍakoso = having an egg-shell of the colour of a Caniyar-bud; that aṇḍakosa means egg-shell may be seen from the passage quoted above at paripantha. Pāsādika, comp. Jāt. 354: bhaddā ti dassanīyā pāsādikā. Brahmananta, Mr. Childers is of opinion that brahma here simply means excellent or beautiful; comp. the note above. Hari = gold, Abhidh. v. 487; but what is ssavaṇṇa? Is it = savaṇṇa (comment. harisamānavaṇṇa) with reduplication of s for the sake of the metre, or how is the double s to be accounted for? Paṭhavippabhāsa in the second half-verse although found in all the MSS. has of course crept into the text by the stupidity of a transcriber. Divasaṁ must be read divasaṁ as the metre requires a long syllable. Ajja, Abhidh. v. 1135, S. adya, seems here and in v. a. to be used in a more general sense. Viharemu, an old optative form for later vihareyyāma. Imaṁ etc., sometimes the story itself is as here carried on in a verse, this seems to evidence that the whole tale was originally in a metrical form, and that Gotama in applying old tales for his particular purposes sometimes made alterations in them, comp. Dhp. VII. Paritta, Abhidh. v. 1026 avoiding any danger (Clough: warding off a blow or any danger); Jāt. 436: bhante, pabbajitā nāma osadhaṁ vā parittaṁ vā jānanti, puttakaṁ no nīrogaṁ karothā ti; Jāt. 535:

> Ath' osadhehi dibbehi
> japaṁ mantapadāni ca
> evan taṁ asakkhi satthum
> katvā parittaṁ attano.

According to Burnouf (Introd. p. 611) this word in the sense of small is a contraction of pari + ā + datta, but in the sense of protection is it not rather to be referred to pra + ric? Esanā for esanaya, quite as in the Vedas. Divā saṁcaritvā, B has divasaṁ caritvā which may be the true reading as car in the sense of spending the time is, I think, generally used as simplex, see Dhp. Āvajjetvā, comp. Jāt. 533: tasmiṁ khaṇe Sakka-bhavanaṁ uṇhakāraṁ dassesi, Sakko tassa kāraṇaṁ āvajjento taṁ tathā vitakkentaṁ disvā „kaṁkham assa chindissāmīti" etc.; Jāt. 538: tasmiṁ khaṇe Sakko āvajjanto (avajjento?) paṇḍitaṁ disvā „Mahosadha-buddhaṁkurassa paññānubhāvaṁ pakataṁ karissāmīti" cintetvā etc.; this verb seems to mean „to reflect, to see by intuition," but whether it is to be referred to vad or to vṛj I do not know, I suppose to the former. Lomahaṁsa, S. lomaharṣa; comp. Dhp. p. 287. Supina, Abhidh. vv. 110, 936, S. svapna. Oḍḍesi, see J. R. A. S. 1870 p. 13; comp. Bengal yoṭ. Me nissāya, have not these words been transposed by a mistake of the copyist instead of nissāya me? Likhāpetvā, comp. Dasaratha-Jāt. p. 24. Accharā, see Dasaratha-Jāt. p. 22. Vassati from vāç. Visabhāga means, as Mr. Trenckner has informed me, dissimilar, differing from, the opposite of sabhāga. Svāhaṁ = so ahaṁ. The passage mayi marante - - - na marissantīti could seem to be an unnecessary interrogation as it has been said previously that it is by eating his flesh that they will become immortal, but perhaps the meaning is only to indicate that the real reason why they become immortal is that they eat the flesh of a golden-coloured peacock. I ought to have written kinti in two words, for I see now from B. & R. that iti in Sanscrit is in the same manner used superfluously in combination with kiṁ; Jāt. 126: „atha kasmā āgato sīti", „tumhākaṁ rakkhaṇatthāyā" 'ti, „kin ti katvā amhe rakkhissasīti". Nissanda, S. nisyanda. Sakkhin, S. sākṣin. There are no grounds for interpreting the single words of this tale buddhistically, nearly all the tales of the Jataka-book are old folklore in common for all India without regard to religion, and many of them treat evidently of pre-buddhistic brahmanical affairs and have been made buddhistic in their application only.

10. VINĪLAKA-J. In the commentary on Suttanipata I find: vaṇṇaparibhedena vinīlako. Abhiṇhaṁ, Abhidh. v. 1137, S. abhīkṣṇaṁ. Anvāya, gerund of anu + i used as a preposition. Sāsaṁkha i. e. sa + āçaṅkha. Sappaṭibhaya, paṭibhaya horror, Abhidh. v. 167, S. pratibhaya. Saññā, S. saṁjñā, cfr. supra; Clough's Pali Gr. p. 37. Daṇḍaka, comp. Dhp. p. 419, 4 and Five Jāt. 17, 8. Pāyiṁsu, the aorist of pra + yā. Sindhava is given in Abhidh. v. 368 as a general name for a horse, but must, I think, also in Pali be understood about horses originating from Sindhu, S. saindhava. Tavaṁ et mamaṁ are genitives; in Kaccāyana par Senart p. 67, and in Clough's Pali Gr. p. 61 mamaṁ is found but not tavaṁ. Āṇāpesi, causative of ā + ñā (S. jñā), comp. āṇā, an order or command, Abidh. v. 354; I ought perhaps to have kept the Singhalese reading ānāpesi, causative of ā + ni.

IV, 4, 4. RĀJOVĀDA-JĀTAKA.

„Gavañ ce taramānānan“ ti. Idaṁ Satthā Jetavane viharanto rājovadaṁ ārabbha kathesi. Vatthuṁ Tesakuṇajātake vitthārato[a] āvibhavissati[b]. Idha pana Satthā „mahārāja, porāṇakarājāno[c] pi paṇḍitānaṁ kathaṁ sutvā dhammena rajjaṁ kāretvā[d] saggapadaṁ[e] pūrayamānā gamiṁsū[f]“ 'ti[g] vatvā rañño[h] yācito atītaṁ āhari:

Atīte Bārāṇasiyaṁ Brahmadatte rajjaṁ kārente Bodhisatto brāhmaṇakule nibbattitvā vayappatto sikkhitasabbasippo isipabbajjaṁ pabbajitvā abhiññā[i] ca[j] samāpattiyo ca nibbattetvā ramaṇīye[k] Himavantapadese[l] vanamūlaphalāhāro[m] vihāsi. Tadā rājā aguṇapariyesako[n] hutvā „atthi nu kho me[o] koci aguṇaṁ kathento“ ti pariyesanto antojane ca bahijane ca antonagare ca bahinagare ca kañci attano avaṇṇavādiṁ[p] adisvā „janapade kathan“ ti aññātakavesena[q] janapadaṁ cari.

---

[a] B omits vitthārato. [b] B āvi-. [c] C porāṇaka-. [d] B kārento. [e] C sasaggapadaṁ, B saggapūraṁ. [f] C gamiṁsū, B gamisu. [g] B taṁ. [h] C raṁño. [i] C abhiṁñā. [j] B omits ca, C nibbattitvā, B nippattitvā. [k] C ramaṇiye, B yamuniye. [l] B -ppadese. [m] B -phalaphalāhāro. [n] C -yesake, B aguṇaṁ-. [o] C omits me. [p] C avaṇṇavādiṁ, B aguṇavādi. [q] C aṁñaññatarav esena.

Tatrâpi avaṇṇavādiṁ[r] apassanto attano guṇakatham[s] eva[t] sutvā „Himavantapadese kin[u] nu kho kathentîti[v]“ araññaṁ pavisitvā vicaranto[x] Bodhisattassa assamaṁ patvā taṁ abhivādetvā[y] katapaṭisanthâro[z] ekamantaṁ nisidi. Tadā Bodhisatto araññato[α] paripakkāni nigrodhapattāni[β] aharitva bhuñjati[a]. Tani honti madhurāni ojavantāni sakkharacuṇṇasadisāni[b]. So rājānam[c] pi āmantetvā „idaṁ[d], mahāpuñña, nigrodhapattaṁ[e] khāditvā pāniyaṁ[f] pivā[g]“ 'ti āha. Rajā tathā katvā Bodhisattaṁ pucchi: „kin[h] nu kho, bhante[i], idaṁ[d] nigrodhapattaṁ[j] ativiya madhuran“ ti. „Mahāpuñña, nūna[k] rāja dhammena samena rajjaṁ kāreti[l], tena taṁ madhuran[m]“ ti. „Rañño[n] adhammikakāle amadhuran[o] nu kho, bhante[p], hotîti[q].“ „Āma, mahâpuñña[r], rājusu adhammikesu telamadhuphāṇitadīni[s] pi vanamūlaphalāphalāni[t] api[u] amadhurāni honti nirojani, na kevalaṁ etāni, sakalam[v] pi raṭṭhaṁ nirojaṁ[x] hoti kasaṭaṁ[y], tesu pana dhammikesu sabbāni[z] tani[α] pi[β] madhurani honti ojavantāni, sakalaṁ pi raṭṭhaṁ[a] ojavantaṁ eva[b] hotîti“. Rājā „evaṁ bhavissati,

---

[r] C avannavādiṁ, B avaṇṇapādi. [s] B guṇaṁ. [t] B meva. [u] C omits kin. [v] C kathanti. [x] C caranto. [y] B abhivāditvā. [z] C kathaphaṭisattāro, B katapaṭisundharo. [α] C araññato. [β] B nigrodhaphalāni. [a] B paribhuñcati. [b] C sakkaracunaṇa-, B sakkara-. [c] B rājānaṁ. [d] B imaṁ. [e] C mahâpuñña-, B -nigrodhapakkalaṁ. [f] B pāṇiyaṁ. [g] C piva. [h] B kiṁ. [i] B omits bhante. [j] B -pakkaṁ. [k] B nu. [l] B kāresi. [m] C madhuraṁ. [o] B amadhuraṁ. [p] B anto. [q] C hohiti. [r] C -puñña. [s] C -pâṇitā-, B telamuphā-. [t] B vamūlaphalāni. [u] B omits api. [v] B sakalaṁ. [x] B nirodhaṁ. [y] B omits kasaṭaṁ. [z] C omits sabbāni, B sappāni. [α] C tāna. [β] B omits pi. [a] C omits ojantāni - - - raṭṭhaṁ, B raṭhaṁ. [b] B ojavantaṁmeva.

bhante[a]" ti attano rājabhāvaṁ ajānāpetvā va Bodhisattaṁ vanditvā Bārāṇasiṁ[c] gantvā[d] „tāpasassa[e] vacanaṁ vīmaṁsissāmīti[f]" adhammena[g] rajjaṁ kāretvā „idāni jānissāmīti" kiñci kālaṁ vītināmetvā puna tattha gantvā[d] vanditvā[h] ekamantaṁ nisīdi. Bodhisatto pi 'ssa tath' eva vatvā nigrodhapattaṁ[i] adāsi. Taṁ tassa[j] tittarasaṁ[k] ahosi. Atha naṁ[l] „nirasan[m]" ti saha khelena chaḍḍetvā[n] „tittikaṁ[o], bhante" ti āha. Bodhisatto „mahāpuñña[p], nūna rājā adhammiko bhavissati[q], rājūnaṁ[r] hi adhammikakale araññe[s] phalāphale[t] ādiṁ katvā[u] sabbaṁ nirasaṁ[v] nirojaṁ hotīti[x]" vatvā[y] imā gāthā abhāsi:

1. „Gavan ce taramānānaṁ
jimhaṁ[z] gacchati[a] puṅgavo[b]
sabbā tā jimhaṁ gacchanti[a]
nette[b] jimhagate sati.

2. Evam eva manussesu
yo hoti seṭṭhasammato
so ce adhammaṁ[c] carati
pag eva itarā pajā,
sabbaṁ raṭṭhaṁ[d] dukhaṁ[e] seti
rājā ce hoti adhammiko.

---

[c] B harāṇasi, C hārānasiṁ. [d] B gaṁtvā. [e] B tapassassa. [f] B vīmaṁsessami. [g] B dhammena. [h] B omits vanditva. [i] B -pakkaṁ. [j] B vasa. [k] B tittikarasaṁ. [l] B so amadhūraṁ. [m] B nirasan. [n] B chaṭetvá. [o] B titthikaṁ. [p] C -puṁña. [q] B bhavissatīti. [r] C rājūnam. [s] C araṁñe. [t] B phalaphalaṁ. [u] B ādikatvā. [v] B amadhūraṁ. [x] B niromajajatanti. [y] B omits vatvā. [z] B jambi. [a] B gacchanti. [b] C puṁgavo. [a] C gacchati. [b] B netthe. [c] B adhammaṁ. [d] B ratha. [e] C dukaṁ, B dukkhaṁ.

3. Gavaṁ ce taramānānaṁ (Comp. Kaccāyana par Senart I, 46.)
ujuṁ[f] gacchati puṅgavo[g]
sabbā tā[h] ujuṁ gacchanti[i]
nette ujugate[j] sati.

4. Evam eva manussesu
yo hoti seṭṭhasammato
so ce va[k] dhammaṁ carati
pag eva itarā pajā,
sabbaṁ raṭṭhaṁ[l] sukhaṁ seti
rājā ce hoti dhammiko" ti.

Tattha gavan ti guṇṇaṁ[m], taramānānan ti nadiṁ[n] uttarantānaṁ[o], jimhan[p] ti jimhaṁ[q] kuṭilaṁ[r], nette ti nāyake gahetvā gacchante gavajeṭṭhake[s] usabhe[t], pag eva itarā pajā ti itare sattā[u] puretaram eva adhammaṁ carantīti attho, dukkhaṁ[v] setīti na kevalam eva[x] catusu[y] pi[z] iriyāpathesu dukkham eva vindati, adhammiko ti yadi rājā chandādiagatigamanavasena[α] adhammiko hoti, sukhaṁ setīti sace rājā agatigamanaṁ pahāya dhammiko hoti sabbaṁ raṭṭhaṁ catusu[β] iriyāpathesu sukhappattam[γ] eva hotīti. Rājā Bodhisattassa dhammaṁ sutvā attano rājabhāvaṁ jānāpetvā „bhante, pubbe nigrodhapattaṁ[δ] ahaṁ eva madhuraṁ katvā tittakaṁ[ε]

---

[f] B ūju. [g] C puṁgavo. [h] C tā, B gāvī. [i] B yanti. [j] B ujuṁgathe. [k] C omits va. [l] B sapparaṭha. [m] B guṇaṁ. [n] B nadī, C nadīnaṁ. [o] B otarantānaṁ. [p] B jamhan. [q] B omits jimhaṁ. [r] B tutilaṁ. [s] B gavajeṭhako. [t] B usabho puṅgavo. [u] C satta. [v] B dukkhaṁ. [x] C kevalaṁ seti. [y] C catusu. [z] B omits pi. [α] C -agativasena. [β] so both MSS. [γ] B sukhaṁ. [δ] B -pakkaṁ. [ε] B tittikaṁ.

akāsiṁ, idāni pana[d] madhuraṁ karissāmīti" Bodhisattaṁ vanditvā gantvā[e] dhammena rajjaṁ kārento sabbaṁ[f] paṭipākatikaṁ[g] akāsi.

Satthā imaṁ desanaṁ[h] āharitvā jātakaṁ samodhānesi: „Tadā rājā Ānando ahosi, tāpaso pana aham evā" 'ti. Rājovāda-jātakaṁ[i].

XIV, 49, 8. MAHĀMORA-JĀTAKA.

„Sace hi ty-āhaṁ dhanahetu gahito" ti. Idaṁ Satthā Jetavane viharanto ekaṁ ukkaṇṭhitabhikkhuṁ ārabbha kathesi. Taṁ[a] hi bhikkhuṁ Satthā „saccaṁ kira tvaṁ ukkaṇṭhito" ti pucchitvā „saccaṁ, bhante" ti vutte „bhikkhu, ayaṁ nandirāgo tādisaṁ kiṁ nāma nālolissati, na hi Sineru-uppāṭanakavāto sāmante purāṇapaṇṇassa lajjati, pubbe sattavassasatāni antokilesasamudācāraṁ vāretvā viharante visuddhasatte p'esa āloḷesi yevā" 'ti vatvā atītaṁ āhari:

Atīte Bārāṇasiyaṁ Brahmadatte rajjaṁ kārente Bodhisatto paccantapadese morasakuṇiyā kucchismiṁ paṭisandhiṁ aggahesi. Gabbhe paripākagate mātā gocarabhūmiyaṁ aṇḍaṁ pātetvā pakkāmi, aṇḍañ ca nāma mātu arogabhāve sati aññasmiṁ dīghajātikādiparipanthe avijjamāne na nassati. Tasmā taṁ aṇḍaṁ kaṇikāramakulaṁ viya suvaṇṇavaṇṇaṁ hutvā pariṇatakāle attano dhammatāya bhijji. Suvaṇṇavaṇṇo moracchāpo nikkhami. Tassa dve akkhīni jiñjukaphalasadisāni, tuṇḍaṁ[b] pavāḷavaṇṇaṁ, tisso rattarājiyo[c] gīvaṁ parikkhipitvā

---

[d] B omits pana. [e] B omits gantvā. [f] B omits sabbaṁ.
[g] B -pakatikaṁ. [h] B dhammadesanaṁ. [i] B adds catutthaṁ.
[a] MS. taṇ. [b] MS. tuṇḍa. [c] MS. -rājiyā.

piṭṭhimajjhena agamaṁsu. So vayappatto bhaṇḍasakaṭamattasarīro abhirūpo ahosi. Taṁ sabbe nīlamorā sannipatitvā rājānaṁ katvā parivārayiṁsu. So ekadivasaṁ udakasoṇḍiyaṁ pānīyaṁ pivanto attano rūpasampattiṁ disvā cintesi: „ahaṁ sabbamorehi atirekarūpasobho, sac' āhaṁ imehi saddhiṁ manussapathe vasissāmi paripantho me uppajjissati, Himavantaṁ gantvā ekako va phāsukaṭṭhāne vasissāmîti". so rattibhāge moresu patisallīnesu kañci ajānāpetvā Himavantaṁ pavisitvā (pāvisi?) tisso pabbatarājiyo atikkamma catutthāya ekasmiṁ araññe padumasañchanno mahājātassaro. Tassâvidūre ekaṁ pabbataṁ nissāya ṭhito mahānigrodharukkho atthi. Tassa sākhāya nilīyi[d]. Tassa pana pabbatassa vemajjhe[e] manāpā guhā atthi. So tattha vasitukāmo hutvā tassā pamukhe pabbatatale nilīyi. Taṁ pana ṭhānaṁ n' eva heṭṭhābhāgena abhiruhituṁ[f] na uparibhāgena otarituṁ sakkā, pakkhibiḷāladīghajātikamanussabhayehi[g] vimuttaṁ. So „idaṁ me phāsukaṭṭhānan" ti divasaṁ tatth' eva vasitvā punadivase pabbataguhāto uṭṭhāya pabbatamatthake puratthābhimukho nisinno udentaṁ[h] suriyamaṇḍalaṁ disvā attano divārakkhāvaraṇatthāya „udet' ayaṁ cakkhumā ekarājā" ti parittaṁ katvā gocarabhūmiṁ otaritvā gocaraṁ gahetvā sāyaṁ āgantvā pabbatamatthake pacchābhimukho nisinno atthamentaṁ[i] suriyamaṇḍalaṁ disvā rattirakkhāvaraṇatthāya „apet' ayaṁ cakkhumā ekarājā" ti parittaṁ katvā eten' upāyena vasati. Atha naṁ ekadivasaṁ eko luddaputto araññe vicaranto pabbatamatthake nisinnaṁ disvā attano nivesanaṁ āgantvā maraṇakāle puttaṁ āha: „tāta catutthāya pabbatarājiyā araññe suvaṇṇavaṇṇo moro atthi, sace rājā pucchati ācikkheyyāsîti". Ath' ekasmiṁ divase Bārāṇasirañño Khemā nāma aggamahesī paccūsakāle supinaṁ passi.

---

[d] MS. nilīyi. [e] MS. memajjhe. [f] MS. abhirūhituṁ. [g] MS. pakkhibiḷāladīgha-. [h] MS. udennaṁ. [i] MS. attamentaṁ.

Evarūpo supino ahosi: suvaṇṇavaṇṇo moro atthadhammaṁ[1] desesi, sā sādhukāraṁ datvā dhammaṁ suṇāti, moro dhammaṁ desetvā uṭṭhāya pakkāmi. Sā „morarājā gacchati, gaṇhatha nan" ti vadanti[2] pabujjhi, pabujjhitvā pana supinabhāvaṁ ñatvā „'supino' ti vutte rājā na[3] ādaraṁ karissati, 'dohaḷo me' ti vutte karissatīti" cintetvā dohaḷinī[4] hutvā nipajji. Atha naṁ rājā upasaṁkamitvā pucchi: „bhadde, kin te aphāsukan" ti. „Dohaḷo me uppanno" ti. „Kiṁ icchasi, bhadde" ti. „Suvaṇṇavaṇṇassa morassa dhammaṁ sotuṁ, devā" 'ti. „Bhadde, kuto tādisaṁ mor ṁ lacchāmā" 'ti. „Deva, sace na labhāmi jīvitaṁ me n'atthīti." „Bhadde, mā cintayi, sace katthaci atthi labhissasīti[5]" rājā naṁ assāsetvā gantvā rājāsane nisinno amacce pucchi: „ambho, devī suvaṇṇavaṇṇassa morassa dhammaṁ sotukāmā, morā nama suvaṇṇavaṇṇā hontīti.". „Brāhmaṇā jānissanti, devā" 'ti. Rājā brāhmaṇe pucchi. Brāhmaṇā evam āhaṁsu: „mahārāja, 'jalajesu macchā[6] kacchapā kakkaṭakā thalajesu migā haṁsā morā tittirā, ete tiracchānagatā manussā ca suvaṇṇavaṇṇā hontīti' amhākaṁ lakkhaṇamantesu āgatan'" ti. Rājā attano vijite luddaputte sannipātāpetvā „suvaṇṇavaṇṇo moro vo diṭṭhapubbo" ti pucchi. Sesā „na diṭṭhapubbo" ti āhaṁsu, yassa pana pitarā ācikkhitaṁ so āha: „mayāpi na diṭṭhapubbo, pitā ca pana me 'asukaṭṭhāne nāma suvaṇṇavaṇṇo moro atthīti' kathesīti". Atha naṁ rājā „samma, mayhañ ca deviyā ca jīvitaṁ dinnaṁ bhavissati, gantvā taṁ bandhitvā ānehīti" bahum dhanaṁ datvā uyyojesi. So puttadārassa dhanaṁ datvā tattha gantvā mahāsattaṁ disvā pāse oḍḍetvā „ajja[7] bajjhissati, ajja bajjhissatīti" abandhitvā va mato. Devī „patthanaṁ[8] alabhin" ti matā. Rājā „tam me moraṁ nissāya

---

[1] MS. atthisadhammaṁ? [2] MS. vadanti. [3] MS. naṁ. [4] MS. dohaḷinī. [5] MS. labhissatīti. [6] MS. maccha. [7] MS. a. [8] MS. pattanaṁ.

piyabhariya matā" ti kujjhitvā veravasiko hutvā „Himavante catutthāya pabbatarājiyā suvaṇṇavaṇṇo moro carati, tassa maṁsaṁ khāditvā ajarāmarā hontīti" suvaṇṇapaṭṭe likhāpetvā paṭṭaṁ sāramañjūsāyaṁ ṭhapetvā kālam akāsi. Ath' añño rājā ahosi. So paṭṭe akkharāni disvā „ajarāmaro bhavissāmīti" tassa gahaṇatthāya[r] ekaṁ luddaṁ pesesi. So pi „tatth' eva mato. Evaṁ cha rājaparivaṭṭā gatā (add: cha) ca luddaputtā Himavante eva matā. Sattamena pana raññā pesito sattamo luddo „ajja ajj' evā" ti sattasaṁvaccharāni bandhituṁ asakkonto cintesi: „kin nu kho imassa morarājassa pade pāsassa asaṁcaraṇakāraṇan" ti. Atha naṁ pariggaṇhanto sāyaṁ pātaṁ parittaṁ karontaṁ disvā „imasmiṁ ṭhāne añño moro n' atthi, iminā brahmacārinā bhavitabbaṁ, brahmacariyānubhāvena c'eva parittānubhāvena c' assa pādo pāse na bajjhatīti" ñatvā pariggahetvā paccantajanapadaṁ gantvā ekaṁ moriṁ bandhitvā yathā sā accharāya paharāya vassati pāṇimhi[s] pahaṭe naccati evaṁ sikkhāpetvā ādāya gantvā Bodhisattassa parittakaraṇato puretaram eva pāsaṁ oḍḍetvā accharaṁ paharitvā moriṁ[t] vassāpesi. Moro tassā saddaṁ suṇi. Tāvad' ev' assa sattavassasatāni sanniṣinnakileso phaṇaṁ katvā pahaṭāsiviso[u] viya uṭṭhahi. So kilesāturo[v] hutvā parittaṁ kātuṁ asakkuṇitvā vegena tassā santikaṁ gantvā pāde pāsaṁ pavesento yeva ākāsā otari. Sattavassasatāni asaṁcaraṇapāso taṁ khaṇaṁ yeva saṁcaritvā pādaṁ bandhi. Atha naṁ luddaputto laṭṭhiagge olambantaṁ disvā cintesi: „imaṁ morarājānaṁ cha luddā bandhituṁ na sakkhiṁsu, aham pi sattavassāni nāsakkhiṁ, ajja pan' esa imaṁ moriṁ nissāya kilesāturo hutvā parittaṁ kātuṁ asakkuṇitvā āgamma pāse baddho heṭṭhāsīsako[w] olambati, evarūpo[x] me sīlavā kilamito, evarūpaṁ aññassa paṇṇākāratthāya netuṁ

---

[r] MS. gahana-. [s] MS. pānimhi. [t] MS. mori. [u] MS. -siviso.
[v] MS. kilesoturo. [w] MS. -sisako. [x] MS. -varūpe.

ayuttaṁ, kim me raññā dinnena sakkārena, vissajjessāmi nan" ti. Puna cintesi: „ayaṁ nāgabalo thāmasampanno mayi upasaṁkamante[1] 'esa maṁ māretuṁ āgacchatīti' maraṇabhayatajjito hutvā phandamāno[2] pādaṁ vā pakkhaṁ vā bhindeyya, anupagantvā va naṁ paṭicchanno ṭhatvā khurappen' assa pāsaṁ chindissāmi, tato sayam eva yathāruciya gamissatīti" so paṭicchanno ṭhatvā dhanuṁ āropetvā khurappam sandahitvā kacci (acchi?). Moro pi „ayaṁ luddo maṁ kilesāturam katvā baddhabhāvaṁ me ñatvā na nirussukko acchissati, kahaṁ nu kho so" ti cintetvā ito c' ito ca oloketvā dhanuṁ āropetvā ṭhitaṁ disvā „maṁ māretvā ādāya gantukāmo bhavissatīti" maññamāno maraṇabhayatajjito hutvā jīvitaṁ yācanto paṭhamaṁ gāthaṁ āha:

1. „Sace hi ty-āhaṁ dhanahetu gahito
mā maṁ vadhi, jīvagahaṁ gahetvā
rañño ca (va?) maṁ, samma, upanti nehi,
maññe: dhanaṁ lacchasi napparūpan" ti.

Tattha sace hi tyahan ti sace hi te ahaṁ, upanti nehīti upantikaṁ[3] nehi, lacchasi napparūpan ti lacchasi anapparūpaṁ. Taṁ sutvā luddaputto cintesi: „morarājā 'ayaṁ maṁ vijjhitukāya (-kāmatāya?) khurappaṁ sandahīti' maññeti, assāsessāmi nan" ti so assāsento dutiyaṁ gatham āha:

2. „Na me ayaṁ tuyha vadhāya ajja
samāhito cāpavare khurappo,
pāsañ ca ty-āhaṁ adhipātayissaṁ,
yathāsukhaṁ gacchatu morarājā" 'ti.

Tattha adhipatayissan ti chindayissaṁ. Tato moro dve gāthā abhāsi[4]:

---

[1] MS. upasaṁkamanto. [2] MS. phandamāno. [3] MS. upantikiṁ. [4] MS. has corrected abhāsi to bhāsi.

3. „Yaṁ sattavassāni mamānubandhiṁ
rattiṁdivaṁ khuppipāsaṁ sahanto,
atha kissa maṁ pāsavasūpanitaṁ
pamuttam me icchasi bandhanasmā.

4. Pāṇātipātā virato nu s' ajja,
abhayan nu te sabbabhūtesu dinnaṁ,
yaṁ maṁ tuvaṁ pāsavasūpanītaṁ
pamuttaṁ va icchasi bandhanasmā“ ti.

Tattha *yan* ti yasmā maṁ ettakaṁ kālaṁ tvaṁ anubandhiṁ tasmā tvaṁ pucchāmi: atha kissa maṁ pāsavasaṁ upanītaṁ bandhanasmā pamocetuṁ icchasīti attho, *virato nu sajjā* 'ti virato nu si ajja, *sabbabhūtesu* sabbasattānaṁ; itoparaṁ:

5. „Pāṇātipātā viratassa brūhi
abhayañ ca yo sabbabhūtesu deti,
pucchāmi taṁ, morarāj', etam atthaṁ,
ito c' ito kiṁ labhate sukhaṁ so“.

6. „Pāṇātipātā viratassa brūmi
abhayañ ca yo sabbabhūtesu deti,
diṭṭhe va dhamme labhate pasaṁsaṁ
saggañ ca so yāti sarīrabhedā.“

7. „'Na santi devā', icc-āhu eke,
'idh' eva jīvo vibhavaṁ upeti,
tathā phalaṁ sukatadukkatānaṁ',
dattupaññattañ ca vadanti dānaṁ;
tesaṁ vaco arahataṁ saddhāno
tasmā ahaṁ sakuṇe[a] bādhayāmīti.“

---

[a] MS. sakuṇo.

Imā uttānasambandhā gāthā pāḷinayen' eva veditabbā. Tattha Iccāhu eke ti ekacce samaṇabrāhmaṇā evaṁ kathenti, tesaṁ vaco arahataṁ saddhāno ti tassa kira kulūpakā ucchedavādino naggasamaṇakā te taṁ paccekabodhiñāṇassa[c] upanissayasampannaṁ pi santaṁ ucchedavādaṁ gaṇhāpesuṁ, so tesaṁ saṁsaggena „kusalākusalam n' atthīti“ gahetvā sakuṇe māreti, evaṁ mahāsāvajja esa asappurisassa' eva[d] nāma[e], te yeva cāyaṁ 'arahanto' ti maññamāno evam āha[f]. Taṁ sutvā mahāsatto „tayāva (taṁ yāva?) paralokassa atthibhāvaṁ kathāpessāmīti“ pāsalaṭṭhiyaṁ adhosiro olambamano va

8. „Cando ca suriyo ca ubho sudassanā
gacchanti obhāsayam antalikkhe,
imassa lokassa parassa vā te?
kathaṁ[g] nu te āhu manussaloke“ ti

gāthaṁ āha. Tattha[h] Imassa 'ti kin nu te imassa lokassa santakā udāhu paralokassā 'ti bhummatthevāsami (?) vacanaṁ, kathan nu te ti tesu vimānesu Canda-Suriya-devaputte kathan nu kathenti, kiṁ atthīti udāhu n' atthīti kiṁ vā devā ti udāhu manussā ti vā. Luddaputto gāthaṁ āha:

9. „Cando ca suriyo ca ubho sudassanā
gacchanti obhāsayam antalikkhe,
parassa lokassa na te imassa,
'devā' ti te āhu manussaloke“ (add: ti).

Atha naṁ mahāsatto āha:

10. „Etth' eva te nihatā hīnavādā
ahetukā ye na vadanti kammaṁ,
tathā phalaṁ sukatadukkatānaṁ,
dattupaññattaṁ ye ca vadanti dānan“ ti.

---

[c] MS. -ñāṇassa. [d] MS. asappurisaseva. [e] MS. nanāma.
[f] MS. evāmāha. [g] MS. kataṁ. [h] MS. tassa.

Tattha etthevą[1] te nihatā ti sace candusuriyā devaloke ṭhitā na manussaloke sace va te devā na manussā etth' eva etthake vyākaraṇe te tava kulūpakā hīnavādā nihatā honti, ahetukā ti visuddhiyā vā saṁkilesassa vā hetubhūtakammaṁ n' atthīti evaṁvādā, dattupaṁñattan ti ye ca dānaṁ lālakehi paṁñattan ti vadanti. So mahāsatte kathente kathente sallakkhetvā gāthadvayaṁ āha:

11\. „Addhā hi saccaṁ vacanaṁ tav' etaṁ,
kathaṁ[2] hi dānaṁ aphalaṁ vadeyya,
tathā phalaṁ sukatadukkatānaṁ,
dattupaṁñattan ti ca[3] kathaṁ bhaveyya.

12\. Kathaṁkaro kintikaro kim ācaraṁ
kiṁ sevamāno kena tapoguṇena,
akkhāhi me, morarāj', etam atthaṁ,
yatha ahaṁ no nirayaṁ pateyyan" ti.

Tattha dattupaṁñattaṁ cā[4] 'ti dānaṁ ca[5] dattupaṁñattaṁ nāma kathaṁ bhave kathaṁ bhaveyyā ti attho, kathaṁkaro ti kataraṁ kammaṁ karonto ahaṁ nirayaṁ na gaccheyyaṁ, itarāni[6] tass' evame (evam eva?) vacanāni. Taṁ sutvā mahāsatto „svāhaṁ (sac' ahaṁ?) imaṁ pañhaṁ kathessāmi manussaloko tuccho viya kato bhavissati, tatth' ev' assa dhammikānaṁ samaṇabrāhmaṇānaṁ atthibhāvaṁ kathessāmīti" cintetva dve gāthā abhāsi:

13\. Ye keci atthi samaṇā pathavyā
kāsāvavatthā anagāriyā te,
pāto va piṇḍāya caranti kāle,
vikālacariyāviratā hi santo.

---

[1] MS. etteva. [2] MS. katan. [3] MS. tiica. [4] MS. dattuṁpaṁñattaṁ vā. [5] MS. ña. [6] MS. itarāti.

14. Te tattha kālen' upasaṁkamitvā
pucchesi sante manaso pi yaṁ siyā,
te te pavakkhanti yathā pajānaṁ
imassa lokassa parassa c' atthan" ti.

Tattha santo ti santapāpā paṇḍitā paccekabuddhā[a], yathā pajānan ti te tuyhaṁ attano jānaniyāmena (?) vakkhanti kaṁkhaṁ te chinditvā kathessanti, parassa catthan[b] ti iminā nāma kammena manussaloke nibbattanti iminā devaloke iminā nirayādisū 'ti, evam imassa ca parassa ca lokassa atthaṁ ācikkhissanti, te puccha 'ti. Evañ ca pana vatvā nirayabhayena tajjesi. So pana pūritapāramī paccekabodhisatto suriyarasmisamphassaṁ oloketvā ṭhitaṁ parinatapadumaṁ viya paripākagatañāṇo vicarati. So tassa dhammakathaṁ suṇanto[c] ṭhitapaden' eva ṭhito saṁkhāre pariganhitvā tilakkhaṇaṁ sammasanto paccekabodhiñāṇaṁ paṭivijjhi, tassa paṭivedho ca mahāsattassa pāsato mokkho ca ekakkhaṇe yeva ahosi. Paccekabuddho sabbakilese padāletvā bhavapariyante ṭhito udānaṁ udānento:

15. „Tacaṁ va jiṇṇaṁ[d] urago purāṇaṁ
paṇḍupalāsaṁ harito dumo va
esa-ppahino mama luddabhāvo,
pajahām' ahaṁ luddakabhāvam ajjā" 'ti

gātham āha. Tass' attho yathā jiṇṇaṁ purāṇaṁ[e] tacaṁ urago jahāti yathā ca harito sampajjamāno nilapanto (-patto?) dumo katthaci katthaci ṭhitaṁ paṇḍupalāsaṁ jahāti[f] evam aham pi ajja luddabhāvaṁ dāruṇabhāvaṁ pajahitvā ṭhito, so dāni esa pahīno mama luddabhāvo, sādhu vata pajahāmahaṁ luddakabhāvam ajjā 'ti, pajahāmahan ti pajahiṁ ahan

---

[a] MS. -buddha. [b] MS. vatthan. [c] MS. sunanto. [d] MS. jinnaṁ. [e] MS. purāṇa. [f] MS. jahati.

ti attho. So imaṁ udānaṁ udānetvā „ahaṁ tāva sabbakilesabandhanehi mutto, nivesane[3] pana bandhitvā me ṭhapitā bahusakuṇā atthi, te kathaṁ mocessāmīti“ cintetvā mahāsattaṁ pucchi: „morarāja, nivesane me bahusakuṇā baddhā atthi, te kathaṁ mocessāmā“ 'ti. Paccekabuddhato pi sabbaññūbodhisattānaṁ ñeva upāyapariggahañāṇaṁ mahantataraṁ hoti, tena taṁ āha: „yaṁ vo maggena kilese khaṇḍetvā paccekabodhiñāṇaṁ paṭividdhaṁ taṁ ārabbha saccakiriyaṁ karotha, sakala-Jambūdīpe bandhanagatasatto nāma na bhavissatīti“. So Bodhisattena dinnanayadvāre ṭhatvā saccakiriyaṁ karonto:

16. „Ye câpi me sakuṇā atthi[4] baddhā
satāni nekāni nivesanasmiṁ[5]
tesam p' ahaṁ jīvitaṁ ajja dammi
mokkhañ ca ne patto[6] sakaṁ niketan“ ti

gātham āha. Tattha mokkhañ ca ne patto ti sv-āhaṁ mokkhaṁ patto paccekabodhiñāṇaṁ paṭivijjhitvā ṭhito te sante jīvitadānena anukampāmi, etena saccena sakaṁ niketan ti sabbe pi te sattā attano vasanaṭṭhānaṁ gacchantū 'ti vadati. Ath' assa saccakiriyāya makālaceva (?) sabbe bandhanā muccitvā tuṭṭharāvaṁ ravantā sakaṭṭhānam eva gamiṁsu. Tasmiṁ pana khaṇe tesaṁ tesaṁ gehesu biḷāle ādiṁ katvā sakala-Jambudīpe bandhanagato satto nāma nāhosi. Paccekabuddho hatthaṁ ukkhipitvā sīsaṁ paramasi. Tāvad eva gihiliṅgaṁ antaradhāyi, pabbajitaliṅgaṁ pātur ahosi. So saṭṭhivassathero viya ākappasampanno aṭṭhaparikkhāradharo hutvā „tvaṁ me mahati[7] patiṭṭhā ahosīti“ morarājassa añjalim paggayha padakkhiṇaṁ[8] katvā ākāse uppatitvā Nandamūlakapabbhāraṁ agamāsi. Morarājāpi laṭṭhiaggato uppatitvā gocaraṁ gahetvā

---

[3] MS. nicesane. [4] MS. attha. [5] MS. vesanasmiṁ. [6] MS. panto. [7] MS. mabati. [8] MS. padakkhinaṁ.

attano vasanaṭṭhānam eva gato. Idāni luddassa sattavassāni pāsahatthassa caritvāpi morarājānaṁ nissāya dukkhā muttabhāvaṁ pakāsento Satthā osānagātham āha:

17. Luddo carī pāsahattho araññe
bādhetuṁ moradhipatiṁ yasassiṁ,
bandhitva moradhipatiṁ yasassiṁ
dukkhā pamuñci yathā ahaṁ pamutto ti.

Tattha bādhetun ti bādhetuṁ, ayam eva vā pāṭho, (?) bandhitvā ti tassa dhammakathaṁ sutvā paṭiladdhasaṁvego hutvā ti attho, yathā ahan ti yathā ahaṁ sayambhuñāṇena mutto evam eva so pi mutto ti.

Satthā imaṁ desanaṁ āharitvā saccāni pakāsetvā jātakaṁ samodhānesi (saccapariyosāne ukkaṇṭhitabhikkhu arahattaṁ pāpuṇi): Tadā morarājā aham eva ahosin ti. Mahāmorajātakaṁ.

Errata.

Page 2, line 6, for kucchismiṁ read kucchismiṁ[l].
— -, line 19, for vinicchayaṭṭhāya read vinicchayaṭṭhāya.
— -, line 1 from the bottom, for [s] sutvā read [s] B sutvā.
— 6, line 3 fr. the b., for rājumaṁ read rājunaṁ.
— 10, line 13, for dahati read dahati[v].
— 11, line 6 fr. the b., for [g] omits read [g] C omits.
— -, line 5 fr. the b., after kāḷasīho add, B kāḷasīho.
— 22, line 10, for pisācā read pisācā[k].
— -, line 11, for khāditun[e] read khāditun[f].
— 23, line 4 and 5 from the bottom, read C bārānasi-, B bārānasi-.
— 26, line 7, after siñcāpesum add Sarīrāni sugandhāni ahesuṁ. Tasmiṁ kāle te nadiṁ otaritvā nahāyiṁsu[h].
— 28, line 15, for maṅgalahatthi[d] read maṅgalahatthi[d].
— 30, line 14, for sena read sena[m].
— 31, line 7, for dasannaṁ read dasannam.
— 32, line 5, for Mahāsārajātake[e] read Mahāsārajātake[f].
— 38, line 9 fr. the b., for siṅgāli read siṅgāli.
— 39, line 11, for unnadanti[c] read unnadanti[e].
— 54, line 21, for daṇḍakotiyaṁ read daṇḍakoṭiyaṁ.
— 60, line 9, for this read thus.
— 100, line 4 fr. the b., for 1 person. Attanop. read 1 person attanop.
— 111, line 10, for sacaṁ read saccaṁ.
— 112, line 14, for ṭhanaṁ read ṭhānaṁ.

INDEX AND GLOSSARY.

Aliinacittakumāra 98.
Ānanda 6. 21. 39. 41. 45. 58. 111.
Kañcanaguhā 6.
Kassapa 13.
Kāsiraṭṭha 20.
Kūṭāgārasālā 6.
Kosalarājan 1. 27. 83.
Khemā 50. 119.
Gagga 21.
Gayāsisa 58.
Jambudīpa 29.
Jetavana 1. 19. 28. 39. 41. 45. 58. 107. 111.
Takkasilā 2. 34.
Tāvatiṁsabhavana 52.
Tesakuṇajātaka 1.
Daṇḍakahiraññapabbata 46. 50. 52.
Devadatta 58.
Pasenādirājan 12.
Phalikaguhā 6.
Bārāṇasī 2. 7. 18. 17. 20. 28. 35. 42. 46. 107. 111.
Bārāṇasirājan 2. 50.
Brahman 12.
Brahmadatta 2 1. 18. 17. 20. 23. 35. 42. 46. 107. 111.
-mahārājan 2.
Brahmadattakumāra 2.
Mallika, -Kosalarājan 8. -mahārājan 2.
Mahāmāyā 81.
Mahāmoggallāna 12.
Mahāvana 7.
Mahasarajātaka 39.
Mahāsoṇa 42.
Mahāvana 7.
Māra 45.
Mithilā 51. Mithilanagara 51. 56.
Mogallāna 6. 12.
Rajatapabbata 8.
Rājakārāma 12.
Licchavikumārikā 7.
Videharaṭṭha 54.
Videharājan 54.
Viniia 56. Viniiaka 54.
Vedeha 53.
Veḷuvana 52.

Vesālivāsika 4.
Vessavaṇā 21. 22. 98.
Saṁvarajātaka 18.
Sakyaputtiya 20.
Sāriputta 6. 12. 21. 58.
Sineru 111.
Suddhodanamahārājan 81.
Suhanu 48.
Soṇī 16.
Soṇa 11.
Himavantapadesa 7. 18. 50. 107. 108. 112.

---

akkodha 90.
aggamahesī 87.
aṅgaṇa 88.
accharā 103.
ajja 108.
aññātaka 90.
aññissa 102.
aṭṭa 86. aḍḍha 101.
aṇḍakosa 104.
addha 101. adhivattha 90.
anucchavika 98.
antara 81. 109.
antovalañjaka 89.
anvāya 106.
apphalī 94.
abhiṇha 106.
abhisambuddha 84.
abhiseka 101.
ambho 90.
amma 98.
avāpuritva 101.
avihiṁsā 92.
avhayanta 81.
asabbha 98.
asaṁ 102.
āgacchantu 82.
ācikkhi 98.
āṇā, aṇāpesi 104.
āṇāpesi 106.
ānubhāva 88.
āpādi 84.
āma 90. 102.
āroga 82.
āvajjetvā 105.
ikkh 94.
ukkamaṇa 90.
ukkāra 84.
okkhipāpetvā 88.
uṇha 94.
uddhumāyitvā 89.
unna, unnata 109.
upaḍḍha 101.
uparava 88.
uparivāte 84.
uparisotaṁ 92.
ubbattetvā 109.
ussāva 84.
evarūpa 89.
esanā 103.
okāsa 80.

oḍḍesi 103.
opavayha 101.
ovāda 91.
ovijjhitvā 102.
osakkati 101.
kakkhaḷa 98.
kaṇikāra, kaṇṇikāra 104.
kaniṭṭha 91.
kammanta 94.
kaḷala 102.
kāraṇa 98.
kārāpesi 100.
kālasutta 92.
kin ti 105.
kira 90.
kiliṭṭha 93. kilesa 93.
kucchi 87.
kuñcanāda 101.
kuṭ 99.
kūṭa 88.
koñcanāda 101.
koṭṭaka 101.
koṭṭetvā 92.
klesa 93.
khadira 92.
khandhāvāra 99.
khāṇuka 99.
khip 98.
gaṇhāsi 102.
garu, guru 93.
gilāna, gelañña 102.
gocara 91.
catuppada 94.
car 103.
cikkh 98.
cumbaṭa, cumbaṭaka 101.
chaḍḍ, chaḍḍh 88.
chanda 89.
chāṭi 100. chāta 98.
jar, jhar 99.
jhāyati, jhīna 98.
ñeva 101.
tappenti 91.
tamotama 92.
tavaṁ 103.
tasita 91.
tikkhattuṁ 94.
turita 91.
thaddha 102.
thulla, thūla 94.
thūṇa 98.
daṇḍaka 104.
daddara 94.
daratha 95.
ḍaḷha 90.
dah 98. dahara 90.
daṭhā, dāṭhinī 104.
divasaṁ, divasaṁ 104.
dussa 101.
naṅgala 99. naṅguṭṭha 99.
nāvāsaṁghāṭa 100.
nigghosa 94.
ninna 90. ninnāda 94.
ninnāyakatta 101.

nipphatti, nipphanna 97.
nissanda 103.
nissāya 94.
paccanta 90. pacchijji 98.
pajāpati, pajāpatī 93.
paṭicchāpeti 90.
paṭippassambhana 93.
paṭibhaya 103.
paṭisatto 101. paṭisandhi 97.
paṭikuṭṭha 93.
padavalañja 90.
padesika 97.
parajjhana 101.
paravihiṁsaka 98.
pariganhati 98.
pariganhanapaññā 98.
parigah 92.
paritta 101. paripantha 92.
pariyosāna 91.
parivaṭṭa 102. parihāra 91.
pavatti 91.
pasuta 102.
passa 91. passāva 92.
pāṇātipāta 99.
pāyiṁsu 103.
pāsādika 104.
piṭṭhavaṁsa 98.
pubba 99.
pesanakāraka 98.
posāvanika 101.
phal 91. phalaka 98. phalika 91.
phāsuka 98.
bahivalañjanaka 92.
brahma 97. 101. -ghosa 97. -manta 104.
bhaṇe 100. bhaṇḍa 97.
bhante 93. bhūtaṁ 103. bho 96.
maṇikkhandha 93. mamaṁ 106.
mahallaka 90.
mahesi, mahesī 97.
māṇava 96.
mātāpitunnaṁ 92.
mātikā 102.
mūla 103. me 103.
yathasabhavaṁ 103.
yan 102.
yā 103. yāvadattha 94.
yenakamaṁ 102.
rumh 98.
lañchana 90. lañj, lañja 90.
likhapetva 103.
lesa 93.
lokāmisa 97. lomahaṁsa 103.
vakkala 95.
vaṭṭati 98. vaḍḍhaki, vaḍḍhakī 99.
valañja 92. vassati 103.
vāsi 95.
vijjhāpeti 96.
vitarasi, vitarāsi 97.
virajjhitvā 103.
visabhāga 103.
viharemu 104. vihiṁsā 98.

vuttha, vusita 96.
vejja 99. veṭh 98.
vedhayati 96.
vohāra 98.
sakkā 98. sakkhin 103.
saggapada 91.
saṁgāma 94. saṁghāṭa 100.
sajj, sajjeti 92.
saṁcar 103. sañjāni 95.
saññā, saññin 98. 101. 106.
sanniṭṭhāna 90. sanniruṁhitvā 98.
sappaṭibbaya 106. sabbatthaka 108.
sabhāga 103.
sama 97. samagga 109.
samajja 95.
samekkhita 94. sambh 95.
samma 94. sammodamāna 105.
sarado 98. sallahuka 109.
saha 102.
sāṭaka, saṭika, sāṭikā, sāṭī 95.
sasaṁkha 104. sindhava 104.
silavanta 90.
sihapañjara 103.
supaṇṇa 93.
supina 103. suhanus 108.
sela 97. soṇḍa 98.
svāhaṁ 103.
hari, harissavaṇṇa 104.

www.ingramcontent.com/pod-product-compliance
Lightning Source LLC
Chambersburg PA
CBHW020059170426
43199CB00009B/337
* 9 7 8 3 7 4 1 1 7 1 5 0 5 *